영어 독해력 증강 프로그램
행복한 명작 읽기 10

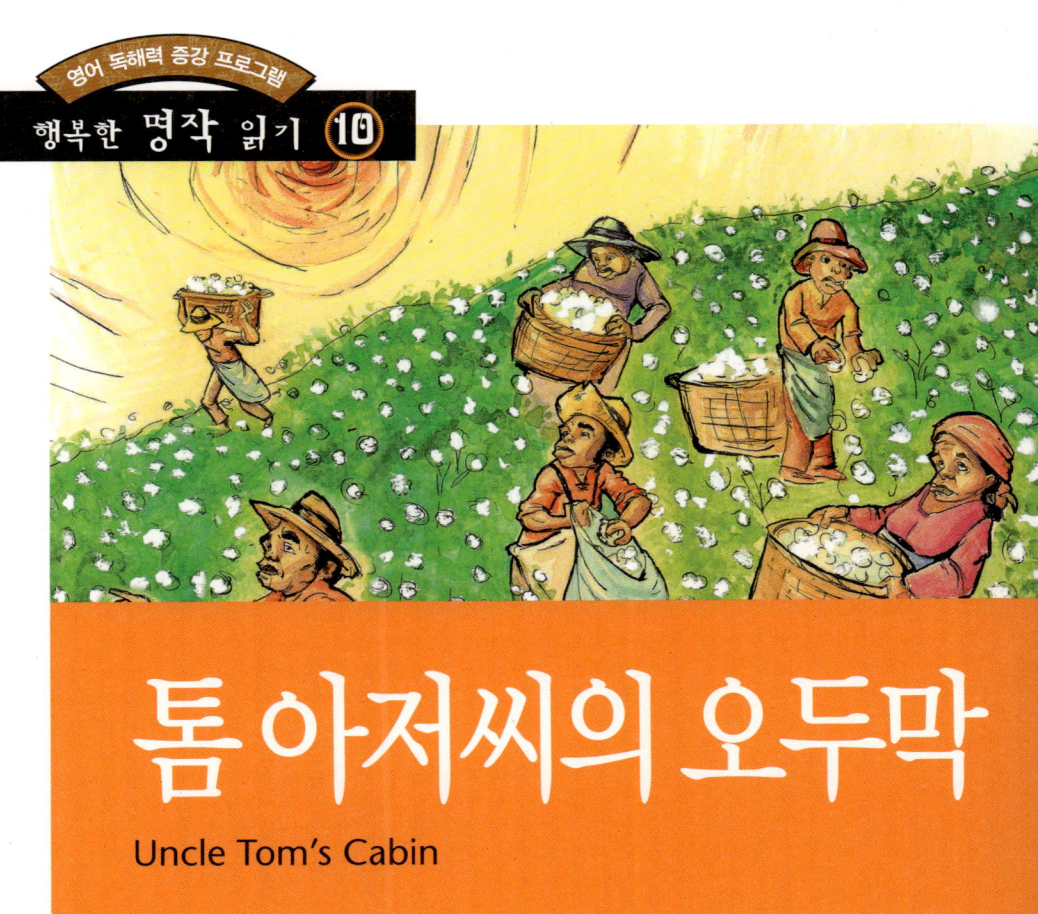

톰 아저씨의 오두막

Uncle Tom's Cabin

다락원

행복한 명작 읽기

　어린 시절 누구나 한번쯤 읽게 되는 아름다운 동화와 명작은 훗날 어른이 되어서도 따뜻한 기억으로 가슴에 남기 마련이죠. 이제 영어로 다시 한번 명작의 세계에 빠져 보는 건 어떨까요? 한글 번역본에서는 절대 느낄 수 없는 원작의 깊이를 그 느낌 그대로 맛볼 수 있고, 이미 알고 있는 이야기라 어렵지 않습니다. 즐겁게 읽어 나가는 사이에 독해력이 쑥쑥 자라는 것은 기본이죠.

　「행복한 명작 읽기」 시리즈는 기초가 약한 영어 초급자나, 중, 고등 학생이 보다 즐겁고 효과적으로 영어 명작을 읽으며 독해력을 키울 수 있도록 개발된 독해력 증강 프로그램입니다.

　초보자를 위한 250단어 수준에서 중고급자를 위한 1,000단어 수준까지 6단계로 구성되어 있는 이 프로그램은 단계별로 효과적인 영어 읽기 요령을 제시하고 영문 고유의 참맛을 느낄 수 있는 장치가 곳곳에 배치되어 있습니다. 영어 표현 및 문법에 대한 친절한 설명, 어휘 학습과 내용의 이해를 돕는 퀴즈, 그리고 매 페이지 펼쳐지는 멋진 그림까지 어디 한군데 소홀함 없이 구성했습니다. 여기에 권말 특별부록 '리스닝 길잡이'를 곁들여, 읽기에서 그치지 않고 체계적인 듣기 학습까지 아우르고 있습니다. QR코드를 찍어 전문 미국 성우들의 생동감 넘치는 음성으로 본문을 들어 보세요.

　본문은 단계별 독자들의 수준을 고려하여 원어민 전문 필진이 교육부 선정 어휘를 가지고 표준 미국식 영어로 리라이팅하였기 때문에 정규 교과 학습에도 큰 도움이 될 것입니다. 「행복한 명작 읽기」를 통해 영어를 읽고 듣는 재미에 푹 빠져 보시기 바랍니다.

행복한 명작 읽기 연구회

Introduction

이 책의 저자

해리엇 비처 스토 (1811-1896)
Harriet Beecher Stowe

미국 코네티컷 주 리치필드 출생. 아버지는 목사였으며 남편은 신학자였다. 종교적인 집안 분위기와 코네티컷과 이웃한 켄터키 주 노예들의 비참한 생활을 목격한 그녀는 평소에 노예제도에 대한 반감이 컸다. 특히 1850년 발표된 '도망노예법 Fugitive Slave Laws'(도망한 노예에 대한 단속법안)은 그녀의 분노를 폭발하게 만들었고 1852년 《톰 아저씨의 오두막 Uncle Tom's Cabin》을 출간하기에 이른다. 이 소설은 원래 1851년에서 52년에 걸쳐 《The National Era》라는 노예제도 폐지운동 기관지에 연재했던 것을 단행본으로 출판한 것으로, 간행 1년 만에 30만 부가 팔리는 경이로운 기록을 남겼다. 그녀는 결혼 후 잇따른 출산으로 심신이 힘든 상태에서도 글쓰기를 계속하여 《목사의 구혼 The Minister's Wooing》(1859)과 《올드타운의 사람들 Oldtown Folks》(1869) 등의 작품을 남겼다.

에이브러햄 링컨 미국 대통령이 그녀를 가리켜 'the little lady who started this big war'(바로 이 위대한 전쟁을 시작하게 한 조그만 여성)라고 했을 만큼 미국 역사상 가장 영향력 있는 작가 중 하나로 평가 받고 있다.

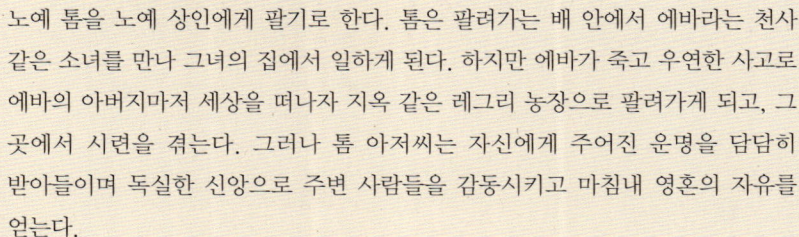

「톰 아저씨의 오두막」은 흑인 노예 톰과 그 주변 인물들을 그린 이야기이다. 농장 사업이 위기를 맞자 셸비는 흑인 노예 톰을 노예 상인에게 팔기로 한다. 톰은 팔려가는 배 안에서 에바라는 천사 같은 소녀를 만나 그녀의 집에서 일하게 된다. 하지만 에바가 죽고 우연한 사고로 에바의 아버지마저 세상을 떠나자 지옥 같은 레그리 농장으로 팔려가게 되고, 그곳에서 시련을 겪는다. 그러나 톰 아저씨는 자신에게 주어진 운명을 담담히 받아들이며 독실한 신앙으로 주변 사람들을 감동시키고 마침내 영혼의 자유를 얻는다.

이 소설은 감상적이고 설교적이며 인물의 선악 대비가 전형적이라는 평가도 있지만, 그보다는 당시 미국 사회에 대한 날카로운 비판으로 미국 국민들에게 커다란 영향을 끼쳤다는 점에서 소설적 가치를 인정받고 있다. 이 소설 이후 비로소 미국인들은 노예가 재산의 일부가 아니라 자신들과 똑같은 감정을 지닌 인간임을 인정하게 되었고, 이 책 속에 녹아 있는 평등, 자유, 박애 정신은 노예제도의 폐지를 이뤄내는 원동력이 되었다.

How to Use This Book
이 책, 이렇게 보세요

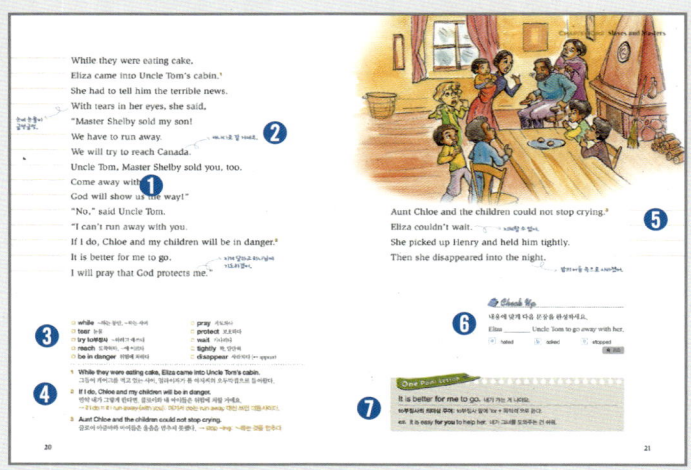

❶ 영어 본문
구문별·문장별로 행이 구분되어 있어 의미를 파악하기 쉽습니다.

❷ 해석 도우미
영문의 포인트 및 뉘앙스를 재미있게 설명했습니다.

❸ 어휘 설명
초등 필수 어휘 이상의 단어와 표현은 해당 의미를 명기했습니다.

❹ 문장 해석
다소 복잡하거나, 전체 줄거리의 핵심이 되는 문장은 해석을 달았습니다. 조그맣게 어깨 번호가 있는 문장은 하단을 확인해 보세요.

❺ RESPONSE NOTES
독자의 공간입니다. 영문을 읽어 나가다가 궁금한 점, 기억해 두어야 할 것을 메모하세요.

❻ Check-Up
내용 파악이 잘 되었는지 확인하는 퀴즈입니다.

❼ One Point Lesson
주요 문법사항이나 표현에 대한 심층 분석 코너. 어려운 문법도 알기 쉽게 정리됩니다.

MP3 무료 다운로드
MP3 파일을 다락원 홈페이지(www.darakwon.co.kr)에서 다운로드받을 수 있습니다. 스마트폰으로 표지의 QR코드를 찍으면 다락원 홈페이지로 바로 연결되어 MP3를 재생할 수 있습니다.

How to Improve Reading Ability
왕초보를 위한 독해 가이드

1단계 군더더기는 필요 없다, 키워드를 잡아라.

문장 중 핵심어를 통해 대략적인 의미를 잡아내는 연습을 해보자. 단어 몇 개를 보고 무슨 내용인지 짐작해 보는 게 무슨 실력이냐 하겠지만, 큰 효과가 있다. 계속 해나가다 보면 우연히 맞힌 게 아니라, 실력으로 맞힌 것임을 알게 될 것이다.

2단계 길면 쪼개라.

문장을 의미 단위별로 끊어서 읽는다. 이 책은 의미 단위에 맞춰 행이 바뀌어 있다. 행이 바뀌는 게 거슬리는 순간, 여러분은 다음 단계로 올라가면 된다.
이때 앞에서부터 차례로 의미를 파악하는 습관을 들인다. 문장을 거슬러 올라오면서 해석하는 버릇이 들면, 읽는 시간이 오래 걸릴 뿐 아니라 리스닝할 때 큰 난관에 부딪히게 된다.

3단계 넘겨 짚는 것도 능력이다, 모르면 때려 맞춰라.

모르는 단어가 나와도 바로 사전을 찾지 말자. 문맥 속에서 유추하는 능력도 길러야 한다. 전혀 모르겠는 문장도 일단 어떤 이야기일 것이라고 생각해 본 다음, 해석을 확인하거나 사전을 찾도록 한다.

4단계 많이, 여러 번 읽어라.

영어를 정복하는 지름길은 없다. 많이 읽고, 여러 번 읽는 자만이 정상에 오를 수 있다. 꾸준히 영어를 접하다 보면 자기도 모르는 사이에 영어 실력이 쑤욱 올라간 느낌을 경험하게 될 것이다.

contents

Introduction 4
How to Use This Book 이 책, 이렇게 보세요 6
How to Improve Reading Ability 왕초보를 위한 독해 가이드 7

        Before you read 10

[MP3] 001 **CHAPTER ONE**
        Slaves and Masters 노예와 주인 12
        Comprehension Quiz 22

[MP3] 002 **CHAPTER TWO**
        Leaving Home 집을 떠나다 24
        Comprehension Quiz 34

        Before you read 36

[MP3] 003 **CHAPTER THREE**
        North to Freedom 자유를 찾아 북으로 38
        Comprehension Quiz 48

[MP3] 004 **CHAPTER FOUR**
        Uncle Tom Meets an Angel 천사를 만난 톰 아저씨 ... 50
        Comprehension Quiz 60

        Before you read 62

[MP3] 005 **CHAPTER FIVE**
        The Deep South 머나먼 남부 64
        Comprehension Quiz 76

[MP3] 006 **CHAPTER SIX**
        Free at Last 마침내 자유를 찾다 78
        Comprehension Quiz 88

권말 부록
독해 길잡이 90
리스닝 길잡이 94
[MP3] 007 | 즐거운 리스닝 연습 96
[MP3] 008 | Listening Comprehension 100
전문 번역 104

Uncle Tom's Cabin

톰 아저씨의 오두막

Before You Read

톰 아저씨는 흑인노예였어요. 다행히 주인인 셸비 씨는 좋은 사람이어서
톰 아저씨는 그렇게 불행하지는 않았답니다.

log cabin 통나무 오두막집
Behind the house was a small log cabin.
집 뒤에 작은 통나무집이 한 채 있었다.

smell 냄새를 맡다

Uncle Tom 톰 아저씨

freshly baked cake 갓 구운 케이크

It was tiny, but the cabin was very warm inside.
오두막 집은 작았지만 안은 아주 따뜻했다.

Little Johnny 꼬마 조니
Johnny loves Uncle Tom.
조니는 톰 아저씨를 사랑한다.

Master Shelby's large house 주인 셸비의 대저택

master 주인

slave 노예

own 소유하다

In the early 1800's, black people were not free in America.
1800년대 초 미국에서 흑인들은 자유롭지 못했다.

Rich, white masters owned slaves.
부유한 백인들은 노예를 소유했다.

Chapter One

Slaves and Masters
노예와 주인

RESPONSE NOTES

In the early 1800's, black people were not free in America.
They were slaves.
Rich, white masters owned them.
They used slaves to work on their farms.[1]
Many masters were terrible to their slaves.
But some were kind. → 그러나 몇몇 착한 사람도 있지.

1800년대 미국은 노예제도가 있었어.

- **slave** 노예
- **master** 주인, (노예의) 소유자
- **free** 자유로운
- **own** 소유하다
- **use** 이용하다, 쓰다
- **terrible** 가혹한, 엄한; 끔찍한
- **recently** 최근에
- **poor** 형편없는
- **borrow** 빌리다
- **only** 유일한
- **pay** 갚다, 지불하다 (pay-paid-paid)
- **debt** 빚
- **hope to 부정사** ~하기를 바라다
- **sell** 팔다 (sell-sold-sold)

---

1. They used slaves to work on their farms.
   그들은 농장에서 일하는 데 노예들을 이용했다.

2. The only way to pay his debt was to sell some slaves.
   빚을 갚을 유일한 방법은 몇몇 노예를 파는 것이었다. → the way + to 부정사: ~하는 방법

3. He hoped to sell his best slave, Tom, for a high price.
   그는 제일 좋은 노예인 톰을 높은 가격에 팔기를 바랐다.

Master Shelby was one of them. → 그중 한 사람, 셸비 씨.
Recently, his farm's business was poor. → 최근 농장 일이 영….
He borrowed a lot of money from the bank.
The only way to pay his debt was to sell some slaves.[2]
He hoped to sell his best slave, Tom, for a high price.[3]

Check Up

본문의 내용과 틀린 것은?

a 흑인은 백인의 노예였다.
b 모든 백인 주인들은 흑인에게 가혹했다.
c 셸비는 은행에 빚이 많았다.

정답: q

A slave trader named Mr. Haley came to buy Tom.[1]

Mr. Haley was a terrible man.

He treated slaves like animals.

짐승처럼 다루다니 정말 악독하군.

- slave trader 노예 상인
- named ~라는 이름의
- treat 다루다, 취급하다
- like ~처럼, ~같이
- care about ~에 대해 신경 쓰다
- black 흑인
- even ~조차, ~이라도
- hard 부지런한, 열심인
- agree 동의하다
- hate to부정사 ~를 몹시 하기 싫어하다
- have to부정사 ~해야 한다
- save 구하다
- grow up 자라다, 성장하다
  (grow-grew-grown)

1 A slave trader named Mr. Haley came to buy Tom.
   헤일리 씨라는 노예 상인이 톰을 사러 왔다.

2 He is a good man who believes in God.
   그는 하나님을 믿는 착한 사람이오. → believe in: ~의 존재를 믿다

Chapter One Slaves and Masters

"Tom is the best slave I have," said Master Shelby.
"He is a good man who believes in God."[2]
"God does not care about blacks.
They are not even men. → 사람도 아니지.
I just want to buy Tom because he is a hard worker,"
said Mr. Haley.
"But you want too much money for one slave.[3]
I'll pay the money you need if you give me a slave child, too."[4]
"Okay," agreed Master Shelby.
"I hate to do it, but I have to save our farm.
I'll give you little Henry. → 일단 농장을 구하고 봐야 해.
He will grow up to be a good slave."

---

3 But you want too much money for one slave.
하지만 당신은 노예 한 명에 너무 많은 돈을 원하는군요. → too: 너무, 지나치게

4 I'll pay the money you need if you give me a slave child, too.
당신이 내게 노예 아이도 하나 준다면 당신이 필요한 돈을 지불하겠소.

One Point Lesson

He will **grow up to be** a good slave. 그는 자라서 좋은 노예가 될 것이오.

grow up to be...: 자라서 ~이 되다

ex. She **grew up to be** a famous actress. 그녀는 자라서 유명한 배우가 되었다.

In the next room was a slave named Eliza.
She was a beautiful woman with light skin.
"Oh, my son, no!" she cried to herself.
She heard Master Shelby and Mr. Haley talking to each other through the wall.
She knew it would be terrible to lose her son.
This woman had been taken from her mother when she was a little girl.¹

벽을 통해 엿들었어.

□ **light** (색이) 옅은, 연한; 밝은
□ **skin** 피부
□ **lose** 잃다 (lose-lost-lost)
□ **be taken from** ~로부터 떨어지다
□ **run away** 도망치다 (run-ran-run)
□ **save** 저축하다, 모으다
□ **pick up** 들어올리다
□ **hug** 껴안다 (hug-hugged-hugged)
□ **softly** 조용하게, 부드럽게
□ **trust in** ~을 믿다
□ **show** 보여 주다, 제시하다
□ **freedom** 자유

1 This woman had been taken from her mother when she was a little girl.
이 여인은 어렸을 때 엄마와 헤어졌다.

2 Eliza's husband George ran away to Canada a few days ago.
일라이자의 남편 조지는 며칠 전에 캐나다로 도망갔다.

CHAPTER ONE Slaves and Masters

Eliza's husband George ran away to Canada a few days ago.² Blacks were free in Canada. George wanted to work and save money. Then he could buy Eliza and Henry from Master Shelby. 돈을 모으면 가족을 살 수 있어.
But that would never happen if the bad man took Henry down south.³
Eliza picked up her son and hugged him.
"Don't worry," she said softly.
"If we trust in God, He will show us the way to freedom."⁴

Check Up

일라이자에 대한 설명으로 틀린 것은?

a 일라이자는 피부색이 옅은 흑인이다.
b 일라이자는 어렸을 때 엄마와 헤어졌다.
c 그녀의 남편은 일라이자와 아들을 버렸다.

정답: c

3 But that would never happen if the bad man took Henry down south.
하지만 그 못된 사람이 헨리를 남부로 데려간다면 그런 일은 결코 일어나지 않을 것이다.

4 If we trust in God, He will show us the way to freedom.
만약 우리가 하나님을 믿는다면, 그분은 우리에게 자유의 길을 보여 주실 거야.

17

Behind Master Shelby's large house was a small log cabin.
This was a home for slaves.
It was tiny, but the cabin was very warm inside. ↪ 작지만 따뜻한 곳

The smell of a freshly baked cake was in the air.[1]
At the table sat Uncle Tom and Johnny.
Johnny was Master Shelby's son.
He loved Uncle Tom and his wife Aunt Chloe very much.
Now Johnny was teaching Uncle Tom how to read.[2]

- **log cabin** 통나무집
  (log: 통나무, cabin: 오두막집)
- **tiny** 작은
- **inside** 안, 내부; 안에
- **smell** 냄새; 냄새 맡다
- **freshly** 갓 만든; 신선한, 새로운
- **baked** 구워진
- **be filled with** ~로 채워지다, 가득 차다
- **run into** ~ 안으로 뛰어들다
- **be excited to 부정사** ~해서 신나다, 흥분하다
- **feel** 기분이 ~하다 (feel-felt-felt)
- **hold** 안다, 잡다 (hold-held-held)

1 The smell of a freshly baked cake was in the air.
  갓 구운 케이크 냄새가 공중에 퍼졌다. → **in the air**: 공중에

2 Now Johnny was teaching Uncle Tom how to read.
  지금 조니는 톰 아저씨에게 읽는 법을 가르치고 있었다. → **how + to 부정사**: ~하는 방법

3 They ran into the cabin when they smelled the cake.
  그들은 케이크 냄새를 맡자 오두막집 안으로 뛰어 들어왔다.

CHAPTER ONE Slaves and Masters

The cabin was suddenly filled with their many happy children.
They ran into the cabin when they smelled the cake.³
Johnny was excited to eat the cake, too.
Uncle Tom felt very happy.
He held two of his children and sang a song.

갑자기 아이들이 우루루….
조니도 신이 났어.

One Point Lesson

Behind Master Shelby's large house was a small log cabin.
주인 셸비의 저택 뒤에 작은 통나무집이 한 채 있었다.

도치: 부사구 (Behind ... house)가 강조를 위해 문장 앞으로 오면 주어와 동사의 위치가 바뀐다.

ex. **Under the tree** was a sleeping rabbit. 나무 밑에 잠자고 있는 토끼가 있었다.

While they were eating cake,

Eliza came into Uncle Tom's cabin.[1]

She had to tell him the terrible news.

With tears in her eyes, she said,

"Master Shelby sold my son!

We have to run away.

We will try to reach Canada.

Uncle Tom, Master Shelby sold you, too.

Come away with us!

God will show us the way!"

"No," said Uncle Tom.

"I can't run away with you.

If I do, Chloe and my children will be in danger.[2]

It is better for me to go.

I will pray that God protects me."

- **while** ~하는 동안, ~하는 사이
- **tear** 눈물
- **try to부정사** ~하려고 애쓰다
- **reach** 도착하다, ~에 이르다
- **be in danger** 위험에 처하다
- **pray** 기도하다
- **protect** 보호하다
- **wait** 기다리다
- **tightly** 꽉, 단단히
- **disappear** 사라지다 (↔ appear)

1 While they were eating cake, Eliza came into Uncle Tom's cabin.
   그들이 케이크를 먹고 있는 사이, 일라이자가 톰 아저씨의 오두막집으로 들어왔다.

2 If I do, Chloe and my children will be in danger.
   만약 내가 그렇게 한다면, 클로이와 내 아이들은 위험에 처할 거예요.
   → If I do = If I run away (with you): 여기서 do는 run away 대신 쓰인 대동사이다.

3 Aunt Chloe and the children could not stop crying.
   클로이 아줌마와 아이들은 울음을 멈추지 못했다. → stop -ing: ~하는 것을 멈추다

CHAPTER ONE Slaves and Masters

Aunt Chloe and the children could not stop crying.³

Eliza couldn't wait. → 지체할 수 없어.

She picked up Henry and held him tightly.

Then she disappeared into the night.
→ 밤의 어둠 속으로 사라졌어.

Check Up

내용에 맞게 다음 문장을 완성하세요.

Eliza _____ Uncle Tom to go away with her.

a hated   b asked   c stopped

정답: b

One Point Lesson

It is better for me to go. 내가 가는 게 나아요.

to부정사의 의미상 주어: to부정사 앞에 'for + 목적격'으로 쓴다.

ex. It is easy **for you** to help her. 네가 그녀를 도와주는 건 쉬워.

CHAPTER ONE
Comprehension Quiz

A 다음은 누구에 대한 설명인지 이름을 쓰세요.

Uncle Tom   Mr. Haley   Master Shelby   Eliza   Johnny

1. a kind owner of slaves　　　　　　　　　　＿＿＿＿＿
2. a slave and the mother of Henry　　　　　　＿＿＿＿＿
3. the best slave that Master Shelby has　　　　＿＿＿＿＿
4. a slave trader　　　　　　　　　　　　　　＿＿＿＿＿
5. the son of Master Shelby who loves Uncle Tom　＿＿＿＿＿

B 본문의 내용과 맞으면 T, 맞지 않으면 F에 표시하세요.

1. In the 1900's, there was slavery in England.   T F
2. Slave traders were friendly people who helped black people.   T F
3. Master Shelby was kind to his slaves.   T F
4. Aunt Chloe baked the best cakes.   T F
5. Eliza and her son were sold to Mr. Haley.   T F

Answers

A ① Master Shelby ② Eliza ③ Uncle Tom ④ Mr. Haley ⑤ Johnny
B ① F ② F ③ T ④ T ⑤ F

C 보기에서 알맞은 단어를 골라 문장을 완성하세요.

> cabin   debt   free   masters   disappeared

1. Rich, white _____ owned black people.
2. Mr. Shelby had to sell some of his slaves to pay his _____.
3. Blacks were _____ in Canada.
4. Uncle Tom lived in a small log _____ behind the Shelby's large house.
5. Eliza held her son and _____ into the night.

D 다음 문장을 글의 내용에 맞게 다시 배열하세요.

1. Eliza and Henry ran away.
2. Master Shelby agreed to sell Tom and Henry to Mr. Haley.
3. Aunt Chloe baked a cake.
4. Eliza heard through the wall that her son had been sold.
5. Eliza asked Uncle Tom to run away with her.

_____ ⇨ _____ ⇨ _____ ⇨ _____ ⇨ _____

---

*A*nswers

C ❶ masters ❷ debt ❸ free ❹ cabin ❺ disappeared
D ❷ ⇨ ❹ ⇨ ❸ ⇨ ❺ ⇨ ❶

Chapter Two

Leaving Home
집을 떠나다

The next morning, Mrs. Shelby knew that Eliza had run away with Henry.

"Oh, dear," thought Mrs. Shelby, "Mr. Haley will kill Eliza if he catches her."

Mr. Haley was very angry when he heard Eliza had run away.[1]

RESPONSE NOTES

이미 도망가 버리고 없어.

잡히면 죽을 텐데….

- **oh, dear** 이런
- **catch** 붙잡다 (catch-caught-caught)
- **decide to**부정사 ~하기로 결정하다
- **slow down** 늦추다, 늦추게 하다
- **chance** 기회
- **escape** 도망하다, 탈출하다
- **put** 넣다, 두다 (put-put-put)
- **saddle** 안장
- **upset** 당황한, 화난
- **be unable to**부정사 ~할 수 없다
- **ride** 타다 (ride-rode-ridden)
- **for a long time** 오랫동안
- **get on** ~에 타다 (get-got-gotten)
- **look for** ~을 찾다

1. Mr. Haley was very angry when he heard Eliza had run away.
   헤일리 씨는 일라이자가 도망갔다는 말을 듣자 매우 화가 났다.

2. This would give Eliza a chance to escape.
   이것은 일라이자에게 피신할 기회를 줄 것이다.

3. This made the horse very upset. 이것은 말을 매우 흥분하게 했다.
   → make + A + 형용사: A를 ~하게 만들다

Mrs. Shelby decided to slow Mr. Haley down.
This would give Eliza a chance to escape.²
She had an idea.
One of her slaves put a small stone under the saddle on Mr. Haley's horse.
This made the horse very upset.³
Mr. Haley was unable to ride the horse for a long time.
Finally, he got on his horse and went to look for Eliza.⁴

→ 시간을 끌어야 해.

4 **Finally, he got on his horse and went to look for Eliza.**
   마침내 그는 말을 타고 일라이자를 찾으러 갔다.

One Point Lesson

The next morning, Mrs. Shelby knew that Eliza **had run away** with Henry. 다음 날 아침 셸비 부인은 일라이자가 헨리와 도망친 것을 알았다.

과거완료 (had + 과거분사): 과거의 특정한 시점보다 먼저 일어난 일을 표현할 때 쓴다.

ex. The movie **had** already **begun** when we got to the theater.
우리가 영화관에 갔을 때 영화는 이미 시작했다.

Mr. Haley knew that runaway slaves always went to the Ohio River.
If they could cross the river, people in Ohio would help them.[1]
Eliza was also desperate to get across the river.
But when she reached the river, it was full of ice.
No boats could cross the icy river.
Eliza prayed to God to help her cross.[2]
Mr. Haley saw Eliza and Henry.
"Stop!" he yelled. "That boy is mine!"
Eliza was trapped between Mr. Haley and the icy river.

- **runaway** 도망친, 달아난
- **cross** 건너다 (= get across)
- **desperate** 필사적인, 목숨을 건
- **be full of** ~로 가득 차다
- **icy** 얼음의, 얼음으로 덮인
- **yell** 고함치다, 소리치다
- **be trapped** 덫에 빠지다, 갇히다
- **between** (둘) 사이에
- **chunk** 덩어리
- **onto** ~위에
- **piece** 조각
- **wear** 입다, 신다 (wear-wore-worn)
- **bleed** 피를 흘리다 (bleed-bled-bled)
- **at last** 마침내, 결국

1 If they could cross the river, people in Ohio would help them.
만약 그들이 강을 건널 수 있다면, 오하이오 사람들이 그들을 도와줄 것이다.

2 Eliza prayed to God to help her cross. 일라이자는 (강을) 건널 수 있게 도와달라고 하나님께 기도했다. → help + A + 원형부정사: A가 ~하는 것을 도와주다

3 She wasn't wearing any shoes, and her feet were bleeding.
그녀는 아무 신발도 신지 않아서 발에서는 피가 흐르고 있었다.

CHAPTER TWO Leaving Home

So she jumped on a chunk of ice in the river.
Then she jumped onto another piece of ice!
또 다른 얼음 위로 점프!
She wasn't wearing any shoes, and her feet were bleeding.[3]
But at last she crossed the river.

Check Up
일라이자가 어떻게 강을 건넜는지 우리말로 간단히 쓰세요.

On the other side of the Ohio River,
Eliza saw a man she knew.¹
He was one of the Shelby's friends, Mr. Simms.
"Mr. Simms, please, help me!" cried Eliza.
"I know a powerful man who hates slavery,"² he said.
"He will help you. His name is Senator Bird."
Mr. Simms pointed to a nice, big house across the street.³
Eliza went to the house and knocked on the door.
Mrs. Bird let Eliza in. → 들어오세요.
Senator and Mrs. Bird heard Eliza's story.
They agreed to help her reach Canada.

우리가 도와줄게요.

- **on the other side of** ~의 건너편에
- **powerful** 세력 있는; 강한
- **hate** 몹시 싫어하다
- **slavery** 노예제도
- **senator** 〈미〉 상원의원
- **point to** ~을 가리키다
- **across** ~을 가로질러, 건너
- **knock** (문을) 두드리다
- **let A in** A를 들여보내다 (let-let-let)
- **agree to부정사** ~하기로 동의하다
- **hire** 고용하다
- **catcher** 붙잡는 사람
- **chase** 뒤쫓다, 추적하다
- **go back to** ~로 돌아가다 (go-went-gone)
- **get** (사람을) 데려가다

1 On the other side of the Ohio River, Eliza saw a man she knew.
오하이오 강의 건너편에서 일라이자는 그녀가 아는 사람을 한 명 보았다.

2 I know a powerful man who hates slavery.
노예제도를 싫어하는 세력가를 알고 있소.

CHAPTER TWO Leaving Home

Mr. Haley was on the other side of the river.
He was very angry.
He hired a slave catcher to chase Eliza.⁴
Then he went back to the Shelby's farm to get Tom.

한편 강 건넌 헤일리 씨는….

Check Up

내용에 맞게 다음 문장을 완성하세요.
Mr. Haley hired a man to _____ Eliza.

a catch   b help   c kill

정답: a

3 Mr. Simms pointed to a nice, big house across the street.
   심스 씨는 길 건너편에 있는 멋진 대저택을 가리켰다.

4 He hired a slave catcher to chase Eliza.
   그는 일라이자를 추적하기 위해 노예 사냥꾼을 한 명 고용했다.

Back at the Shelby's farm, Uncle Tom sat in his cabin.
He was reading the Bible.
Aunt Chloe cried,
"If only they weren't selling you down south.
Nobody comes back from there.
They kill slaves down there!"
"It's in God's hands now," said Uncle Tom.
"I'm thankful that they sold me and not the little ones."¹

☐ **the Bible** 성경
☐ **kill** 죽이다
☐ **thankful** 감사하는
☐ **lovingly** 애정 있게, 정답게
☐ **promise to**부정사 ~하기로 약속하다
☐ **find out** ~을 알아내다
  (find-found-found)
☐ **get** 구하다, 얻다 (get-got-gotten)

1 I'm thankful that they sold me and not the little ones.
  난 그들이 내 아이들이 아니라 나를 팔아서 감사하오.

2 But I promise to find out where you are. 하지만 당신이 있는 곳을 알아내겠다고
  약속해요. → where + 주어 + 동사: ~하는 곳, 어디에서 ~하는지

3 We will get the money and buy you back. 우리는 돈을 구해서 당신을 도로 사올 거예요.

CHAPTER TWO Leaving Home

He looked lovingly at his sleeping children.
There was a knock on the door of the cabin.
It was Mrs. Shelby.
Mrs. Shelby stood there crying. → 갈 시간이에요.
"It's time to go, my dear man," she said.
"But I promise to find out where you are.² We will get the money and buy you back."³

One Point Lesson

If only they **were**n't selling you down south.
그들이 당신을 남부에 팔지만 않는다면 좋겠어요.

if only + 가정법 과거: ~하기만 하면 좋겠는데

ex. **If only** he **were** here now. 그가 지금 여기에 있다면 좋으련만.

Suddenly, Mr. Haley burst into the room. 헤일리 씨가 벌컥 문을 열고 들어왔어.
He said to Tom,
"It's time for you to go!"
He put Uncle Tom in heavy chains.[1]
Then they drove away in a wagon.

On the way out of town, Mr. Haley stopped at a store. 헤일리 씨가 가게에 들렀어.
Tom waited outside in the wagon.
Young Johnny Shelby followed them on his horse.[2]
He jumped in the wagon and hugged Tom.
"I hate slavery, Uncle Tom!" cried Johnny.

- **burst into** (방 등에) 갑자기 들어오다
  (burst-burst-burst)
- **chain** 쇠사슬
- **drive away** (차 등을) 몰고 가버리다
  (drive-drove-driven)
- **wagon** 짐마차
- **on the way** 도중에
- **out of** ~ 밖으로
- **stop at** ~ 앞에 멈추다
- **wait** 기다리다
- **follow** 따라가다
- **then** 그 다음에, 그러고 나서

CHAPTER TWO Leaving Home

Uncle Tom hugged the boy and said,
"Now Master Johnny, you be good to your mother.³
God only gives you one mother."
→ 어머니는 이 세상에 단 한 분.
"I will, Uncle Tom," promised Johnny.
He also promised to come down south
and buy Uncle Tom.
Then they said goodbye.

Check Up

다음 중 조니에 대해 틀린 것은?

a. He was Mr. Haley's son.
b. He wanted Tom back home in the future.
c. He followed Tom and Mr. Haley.

정답 : e

1 **He put Uncle Tom in heavy chains.** 그는 톰 아저씨에게 무거운 쇠사슬을 채웠다.
2 **Young Johnny Shelby followed them on his horse.**
   어린 조니 셸비는 말을 타고 그들을 따라갔다.
3 **Now Master Johnny, you be good to your mother.** 자, 조니 도련님, 어머니께 착한
   아들이 되세요. → you는 명령문의 의미를 강조하기 위해 삽입 .

33

CHAPTER TWO

Comprehension Quiz

 본문 내용과 맞도록 바르게 연결하세요.

- ❶ Eliza   • • ⓐ promised to buy back Tom.
- ❷ Mr. Haley   • • ⓑ agreed to help Eliza go to Canada.
- ❸ Senator Bird   • • ⓒ ran across the icy river.
- ❹ Johnny   • • ⓓ followed Tom on his horse.
- ❺ Mrs. Shelby   • • ⓔ hired a slave catcher to chase Eliza.

B 본문 내용과 다른 곳을 찾아 바르게 고쳐 쓰세요.

❶ In the morning, Mrs. Shelby knew that Eliza had run away with Tom.

　_____ ⇨ _____

❷ Mr. Haley was amused when he heard that Eliza had run away.

　_____ ⇨ _____

❸ Mr. Haley went back to the Shelby's farm to get Henry.

　_____ ⇨ _____

❹ Back at the Shelby's farm, Uncle Tom was crying.

　_____ ⇨ _____

*A*nswers

A ❶ - ⓒ   ❷ - ⓔ   ❸ - ⓑ   ❹ - ⓓ   ❺ - ⓐ

B ❶ Tom → Henry   ❷ amused → angry   ❸ Henry → Tom   ❹ crying → reading the Bible

C 다음 질문에 알맞은 답을 고르세요.

1 How could Mrs. Shelby slow down Mr. Haley?

(a) She hid his horse.

(b) She put a stone under his horse's saddle.

(c) She stole his horse's saddle.

2 How did Eliza escape from Mr. Haley at the Ohio River?

(a) She shot him with a gun.

(b) The Quakers helped her get across the river.

(c) She jumped on pieces of ice floating in the river.

D 다음 문장을 글의 내용에 맞게 다시 배열하세요.

1 Eliza jumped across the floating ice.

2 Eliza went to Mr. Bird's house to get help.

3 Mr. Haley came and took Tom with him.

4 Mrs. Shelby decided to slow Mr. Haley down.

5 Mrs. Shelby realized that Eliza had run away.

_____ ⇨ _____ ⇨ _____ ⇨ _____ ⇨ _____

*A*nswers

C **1** (b)   **2** (c)

D **5** ⇨ **4** ⇨ **1** ⇨ **2** ⇨ **3**

CHAPTER THREE

North to Freedom
자유를 찾아 북으로

RESPONSE NOTES

Eliza's husband George had escaped from his master, too.

George's skin was very lightly colored.

피부색이
아주 환했어.

So he was able to look like a white man.

He did this by coloring his hair yellow.[1]

He also put on some rich-looking clothes.

Then no one knew he was a runaway slave.

아무도
못 알아봐.

George walked into a restaurant.

He saw his old friend he was looking for.[2]

The friend was Mr. Wilson.

- **colored** ~색의 (color: 색을 입히다)
- **be able to부정사** ~할 수 있다
- **look like** ~처럼 보이다
- **put on** 입다 (put-put-put)
- **rich-looking** 부유해 보이는
- **whisper** 속삭이다
- **dangerous** 위험한
- **gun** 총
- **fight** 싸움
- **seriously** 진지하게, 심각하게

1 **He did this by coloring his hair yellow.**
그는 자기 머리를 노란 색으로 물들여서 그렇게 했다. → by -ing: ~함으로써

2 **He saw his old friend he was looking for.** 그는 자기가 찾고 있는 옛 친구를 보았다.
→ he was...는 앞의 friend를 꾸며 주고 있다.

3 **No one is going to catch me without a fight.**
결투 없이는 아무도 나를 붙잡지 못할 거예요.

George's old master had sometimes made him work for Mr. Wilson.

"George, what are you doing here?" Mr. Wilson whispered.

"It's very dangerous for you right now!"

George showed two guns and a knife to his friend.

"No one is going to catch me without a fight,"[3] he said seriously.

One Point Lesson

George's old master had sometimes **made him work** for Mr. Wilson. 조지의 옛 주인은 가끔 조지에게 윌슨 씨의 일을 해주도록 시켰다.

make + A + 동사원형: A가 ~하게 하다 → 사역동사 have, make의 목적보어는 원형 부정사를 쓰지만, get의 경우에는 to부정사를 쓴다.

ex. I **had the man repair** my camera. 난 그 남자에게 내 카메라를 고치게 했다.
My mom **got me to clean** my room. 엄마는 내가 방을 치우게 하셨다.

Mr. Wilson took George to a room where they could talk safely.[1]

"What about your wife and son?" asked Mr. Wilson.

George's face looked worried. → 부인하고 아들은 어떻게 되었나?

"I heard that they escaped a few days ago," he said.

"It's up to God now."

□ **safely** 안전하게
□ **What about…?** ~은 어때요?
□ **worried** 걱정하는
□ **up to** ~에 달려 있는
□ **push** 밀다, 밀어 나아가다
□ **repay** (돈을) 갚다 (repay-repaid-repaid)
□ **advice** 충고
□ **get to** ~에 도착하다
□ **Quaker** 퀘이커 교도
□ **at the same time** 동시에
□ **bring** 가져가다
    (bring-brought-brought)

1 **Mr. Wilson took George to a room where they could talk safely.**
윌슨 씨는 그들이 안전하게 얘기할 수 있는 방으로 조지를 데려갔다.
→ where는 a room을 수식하는 관계부사

2 **He pushed a lot of money into George's hand.**
그는 조지의 손에 많은 돈을 밀어 넣었다.

CHAPTER THREE North to Freedom

"I want to help you," said Mr. Wilson.
"Here, take this money." 이 돈 받게나.
He pushed a lot of money into George's hand.[2]
"Thank you," said George.
"I promise to repay this money one day." 꼭 갚을게요.
Then Mr. Wilson gave George some advice. 충고도 해줬어.
"When you get to the other side of the Ohio River, find the Quaker church.[3]
They will help you reach Canada."

At the same time, the Bird family brought Eliza and Henry to another family who would also help them.[4] These people were Quakers.

Check Up

본문의 내용과 맞는 것은?

a 조지는 캐나다로 도망가는 중이다.
b 윌슨은 조지에게 빌린 돈을 갚았다.
c 일라이자는 퀘이커 교도가 되었다.

정답: e

---

3 When you get to the other side of the Ohio River, find the Quaker church.
   오하이오 강 건너편에 도착하면 퀘이커 교도의 교회를 찾게.

4 At the same time, the Bird family brought Eliza and Henry to another family who would also help them. 이와 때를 같이 하여 버드 가족도 일라이자와 헨리를 도와줄 또 다른 가족에게 그들을 데려다 주었다.

41

This Quaker family was very kind.
The father's name was Simeon, and the mother was Rachel. They had five children.

One day, Simeon said to Eliza and Rachel,
"Friend David is coming over tonight.[1]
He is bringing someone special."
Eliza was happy to hear good news.
"Friend Eliza, the Lord has blessed you," Simeon said very slowly.
"He has kept your husband safe."
Eliza was shocked.
She fell down when she heard this.
The last words she heard were, "You'll see him tonight."[2]

When Eliza woke up, she saw George.
He was in her room, hugging her.[3]
Henry was next to them, still sleeping.
Everyone was very happy.

- **special** 특별한
- **the Lord** 하나님
- **bless** 축복하다
- **keep A safe** A를 안전하게 보호하다
- **shocked** 깜짝 놀란, 충격을 받은
- **fall down** 쓰러지다, 넘어지다 (fall–fell–fallen)
- **last** 마지막의
- **words** 말
- **wake up** 깨다 (wake–woke–waken)

CHAPTER THREE North to Freedom

1. **Friend David is coming over tonight.**
   친구 데이빗이 오늘 밤 올 거예요. → 현재진행형은 가까운 미래를 표현함.

2. **The last words she heard were, "You'll see him tonight."**
   그녀가 들은 마지막 말은 "당신은 오늘밤 그를 만날 거예요."였다.

3. **He was in her room, hugging her.** 그는 그녀의 방에서 그녀를 꼭 껴안고 있었다.

One Point Lesson

Eliza was **happy to hear** good news. 일라이자는 좋은 소식을 듣고 기뻤다.

감정을 나타내는 형용사 + to부정사: 이때 to부정사는 '~해서'의 의미로 감정의 원인을 나타낸다.

ex. I am **pleased to meet** you. 당신을 만나서 기쁩니다.

Eliza, George, and Henry felt very comfortable in the Quaker's home.¹

One day, George told Simeon that he was worried about him and Rachel.

"I hope you will not be punished for helping runaway slaves."²

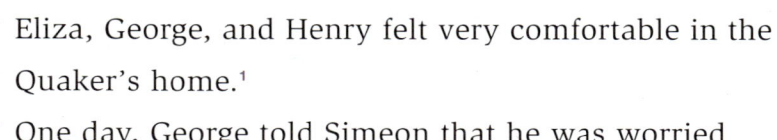
감옥에 간다 해도 괜찮아.

"Friend George, if I have to go to jail, it's okay," replied Simeon.

"We do it for God and man."

Suddenly, David burst into the house.

"We need to leave now!

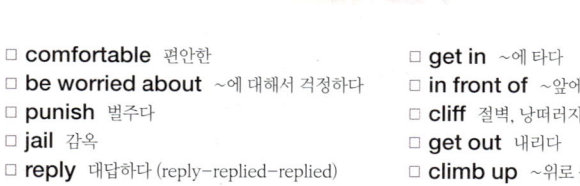

- comfortable 편안한
- be worried about ~에 대해서 걱정하다
- punish 벌주다
- jail 감옥
- reply 대답하다 (reply-replied-replied)
- need to 부정사 ~해야 한다
- get in ~에 타다
- in front of ~앞에
- cliff 절벽, 낭떠러지
- get out 내리다
- climb up ~위로 올라가다
- appear 나타나다

1 Eliza, George, and Henry felt very comfortable in the Quaker's home.
   일라이자, 조지, 헨리는 퀘이커 교도의 집에서 매우 편안했다.

2 I hope you will not be punished for helping runaway slaves.
   당신들이 도망친 노예들을 도와주었다고 벌 받지 않았으면 좋겠어요.

CHAPTER THREE North to Freedom

The slave catchers are coming!"
They got in the wagon and drove very quickly.
They could hear the sound of horses following them.[3]

David stopped the wagon in front of a cliff.
"Quick, get out!" yelled David.
"Climb up to the top of the cliff.
It will be hard for them to catch us up there!"[4]

They climbed the cliff and waited very quietly.
The slave catchers were climbing up behind them.
Then one of them appeared!

Check Up

본문의 내용과 맞으면 T, 틀리면 F를 쓰세요.

a. 사이먼은 조지를 숨긴 죄로 감옥에 가게 되었다. _____
b. 노예 사냥꾼들은 절벽 앞에서 말을 돌렸다. _____

정답: a.F b.F

---

3 They could hear the sound of horses following them. 그들은 그들을 따라오는 말들의 소리를 들었다. → hear/see + A + 동사원형/-ing: ~하는 것을 듣다/보다

4 It will be hard for them to catch us up there!
그들이 저 위에서 우리를 붙잡기는 힘들 거요.

George pulled out his gun and shot the slave catcher.
Then David pushed the man off the cliff.[1]
The slave catcher fell down a very long way.
He lay there badly injured.[2]
"Help me! Don't go away!"
the man called out to the other slave catchers.

절벽 저 아래로 떨어졌어.

□ **pull out** 꺼내다
□ **shoot** 쏘다 (shoot-shot-shot)
□ **lie** 누워 있다 (lie-lay-lain)
□ **badly** 몹시, 심하게
□ **injured** 상처 입은, 부상당한
□ **go away** 가 버리다
□ **call out** 큰 소리로 부르다
□ **other** 다른, 그 밖의
□ **ride away** (말 등을) 타고 가버리다 (ride-rode-ridden)
□ **hurt** 해치다 (hurt-hurt-hurt)
□ **for care** 돌보려고 (care: 돌봄)
□ **border** 국경
□ **on one's way (to)** (~로) 가는 도중에

CHAPTER THREE North to Freedom

But they rode away on their horses. → 꽁무니 빼는 다른 일당들.
"We will help him," said David.
"He can't hurt anyone now."
They picked up the injured man and put him in the wagon.³
They took him to a Quaker home for care.
Then David took Eliza's family to the border.
It was the border between America and Canada.
They were on their way north to freedom!⁴

1 Then David pushed the man off the cliff.
   그러자 데이빗이 그 남자를 절벽 밖으로 밀어냈다.

2 He lay there badly injured. 그는 심하게 상처를 입고 거기에 누워 있었다.

3 They picked up the injured man and put him in the wagon.
   그들은 부상당한 남자를 들어서 마차에 실었다.

4 They were on their way north to freedom! 그들은 자유를 향해 북쪽으로 가는 길에 올랐다!

47

CHAPTER THREE

Comprehension Quiz

A 다음은 누가 한 행동인지 이름을 쓰세요.

1. _____ dyed his hair yellow to look like a white man.
2. _____ gave George a lot of money.
3. _____ took Eliza, George, and Henry to the Canadian border.
4. _____ brought Eliza her husband.
5. _____ told some good news to Eliza.

B 보기에서 알맞은 단어를 골라 문장을 완성하세요.

| cliff | jail | border | escaped | punished |

1. George also _____ from his master.
2. Simeon didn't care about going to _____.
3. George hoped Simeon would not be _____ for helping runaway slaves.
4. They climbed to the top of the _____.
5. They arrived at the _____ between America and Canada.

*A*nswers

A ① George ② Mr. Wilson ③ David ④ David ⑤ Simeon
B ① escaped ② jail ③ punished ④ cliff ⑤ border

C 두 문장 중 본문 내용과 일치하는 것을 고르세요.

❶ (a) George was a white man.
   (b) George was a black man.

❷ (a) Mr. Wilson wanted to help George.
   (b) Mr. Wilson hired slave catchers to hunt George.

❸ (a) David killed the injured slave catcher.
   (b) David helped the injured slave catcher.

❹ (a) George and his family felt comfortable in the Quaker's home.
   (b) The Quakers were bad to George and his family.
      So they ran away.

D 다음 문장을 글의 내용에 맞게 다시 배열하세요.

❶ George shot the slave catcher.
❷ David stopped the wagon in front of a cliff.
❸ They could hear the slave catchers following closely behind them.
❹ The other slave catchers rode away from their injured friend.
❺ David pushed the injured slave catcher off the cliff.

_____ ⇨ _____ ⇨ _____ ⇨ _____ ⇨ _____

---

*A*nswers

C ❶ (b) ❷ (a) ❸ (b) ❹ (a)
D ❸ ⇨ ❷ ⇨ ❶ ⇨ ❺ ⇨ ❹

CHAPTER FOUR

Uncle Tom Meets an Angel
천사를 만난 톰 아저씨

- □ **angel** 천사
- □ **travel** 여행하다, 이동하다
- □ **deep** 깊은; 먼
- □ **part** 일부, 부분
- □ **trip** 여행
- □ **boat** 보트, (작은) 기선
- □ **sweet** 친절한, 상냥한, 귀여운
- □ **smile** 미소짓다
- □ **ask A to**부정사 A에게 ~해달라고 부탁하다
- □ **own** 소유하다, 갖다

1 While Eliza and George traveled north, Mr. Haley took Uncle Tom deeper south.
일라이자와 조지가 북부로 가는 동안, 헤일리 씨는 톰 아저씨를 더 깊숙한 남부로 데려갔다.

2 Because I want to make him happy! 왜냐하면 그를 행복하게 해주고 싶어서요!

3 He loved his daughter more than anything. 그는 자기 딸을 그 무엇보다도 사랑했다.

RESPONSE NOTES

While Eliza and George traveled north,
Mr. Haley took Uncle Tom deeper south.¹ → 마지막으로 배를 타고 갔어.
For the last part of the trip, they took a boat.
On the boat, Tom met a sweet little girl named Eva.
She was a beautiful girl and made people smile. → 사람들을 기분 좋게 만드는 아이야.
Eva liked Uncle Tom very much.
She liked him so much that she asked → 왜 그를 갖고 싶지?
her father to buy Tom.
"But Eva, why do you want to own him?"
her father asked.
"Because I want to make him happy!"² she said.
Eva's father was Mr. St. Clare. He was very rich.
He loved his daughter more than anything.³
So he bought Tom for her.

One Point Lesson

She liked him **so much that** she asked her father to buy Tom.
그녀는 톰을 아주 많이 좋아해서 아버지에게 그를 사달라고 부탁했다.

so + 형용사/부사 + that절: 아주 ~해서 …하다

ex. He practiced **so hard that** he won the prize.
그는 아주 열심히 연습해서 상을 탔다.

51

Eva was not a strong girl.
She and her father were returning from a trip to get Mr. St. Clare's cousin, Ophelia.[1]
Ophelia was going to take care of Eva.

오필리어가 돌봐 줄 거야.

Eva's mother, Marie, couldn't take care of her.
She was a very sick and unhappy woman.
She stayed in bed most of the time.

→ 침대에 누워만 있어.

The St. Clare's home was large and wonderful.
It was like a castle from a fairy tale.[2]
Tom thanked God for sending him to such a nice place.[3]
It was Ophelia and Tom's job to take care of Eva.[4]
She needed a lot of help because she was so weak.

→ 약해서 도움이 많이 필요해.

☐ **strong** 튼튼한, 강한
☐ **return** 돌아오다
☐ **take care of** ~을 돌보다
☐ **sick** 아픈, 병든
☐ **stay in bed** 자리에 누워 있다
☐ **most of the time** 대부분의 시간

☐ **castle** 성
☐ **fairy tale** 동화
   (fairy: 요정의, tale: 이야기)
☐ **thank A for** A에게 ~에 대해서 감사하다
☐ **send** 보내다 (send-sent-sent)
☐ **job** 일, 직업

1 She and her father were returning from a trip to get Mr. St. Clare's cousin, Ophelia.
그녀와 그녀의 아버지 세인트 클레어 씨는 그의 사촌 오필리어를 데리러 간 여행에서 돌아오고 있었다.

2 It was like a castle from a fairy tale. 동화에 나오는 성 같았다.

CHAPTER FOUR Uncle Tom Meets an Angel

3 **Tom thanked God for sending him to such a nice place.** 톰은 자기를 이렇게 좋은 곳으로 보내 준 것에 대해 하나님에게 감사했다. → such a…: 이렇게 …, 그렇게 …

4 **It was Ophelia and Tom's job to take care of Eva.** 에바를 돌보는 것이 오필리어와 톰의 일이었다. → It는 가주어, to take care of Eva가 진주어.

As the months passed, Eva and Tom became great friends.¹

Sometimes Eva and Tom talked about slavery.

Eva thought that slavery was good

because it brought Tom into her life.²

One day, Mr. St. Clare helped Tom write a letter.

He wrote to Tom's wife Chloe and their children.

- **as** ~함에 따라
- **pass** 지나가다
- **become friends** 친구가 되다
  (become-became-become)
- **healthy** 건강한
- **kid** 아이
- **bakery** 빵집
- **fill A with B** A를 B로 채우다
- **joy** 기쁨
- **hope** 희망

1 As the months passed, Eva and Tom became great friends.
  여러 달이 지나가면서 에바와 톰은 좋은 친구가 되었다.

2 Eva thought that slavery was good because it brought Tom into her life.
  에바는 노예제도가 톰을 그녀의 삶으로 이끌었기 때문에 좋은 거라 생각했다.

CHAPTER FOUR Uncle Tom Meets an Angel

Tom wanted to tell them where he was.
He also wanted them to know that he was healthy.

A few months later,
a letter came for Tom.
It was from Johnny Shelby.
It said that Uncle Tom's kids were doing very well.³
Chloe was working in a bakery and saving money.
In five years, she would have enough money to buy Tom back.⁴
This letter filled Tom's heart with joy and hope.

Check Up

톰이 편지에 쓴 내용이 아닌 것은?

a 현재 지내고 있는 곳
b 건강하게 잘 있다는 것
c 돈을 많이 모았다는 것

정답: c

3 **It said that Uncle Tom's kids were doing very well.** 편지에는 톰 아저씨의 아이들이 아주 잘 지내고 있다고 쓰여 있었다. → It says that...: (편지 등에) ~라고 쓰여 있다

4 **In five years, she would have enough money to buy Tom back.** 5년이 지나면 그녀는 톰을 다시 살 만큼 충분한 돈을 갖게 될 것이다. → in: ~가 지나면, ~후에

달이 가고 해가 갈수록….

As the months became years, Eva got weaker.
Soon she had to stay in bed all the time.
One day, she called her father to her bedside.[1]

- stay 머물다, 지내다
- all the time 항상, 늘
- call 부르다
- bedside 침대 옆, 머리맡
- free 자유롭게 해주다, 석방하다; 자유로운
- dear 〈부르는 말〉 얘야, 여보
- death 죽음
- go for a walk 산책을 가다

1. One day, she called her father to her bedside.
   어느 날 그녀는 자기 아버지를 자기 머리맡으로 불렀다.

2. Promise me you'll free Tom after I die.
   내가 죽은 후에 톰을 자유롭게 해주겠다고 약속해 주세요.

3. I'm going to make you a free man. 자네를 자유인으로 만들어 주겠네.
   → be going to부정사: 〈예정〉 ~할 것이다

CHAPTER FOUR Uncle Tom Meets an Angel

"I am going to see the angels soon," she said. → 이제 곧 하늘나라로 가요.
"Promise me you'll free Tom after I die.²
He needs to go home to his family." → 가족한테 돌아가야 해요.
Mr. St. Clare could not say no.
"Okay, my dear. I promise I will."
Finally, Eva died.

After Eva's death, Mr. St. Clare called Tom into his office.
"Tom," he said with a smile,
"I'm going to make you a free man."³
Tom was the happiest he'd ever been in his life.
"Oh, thank you so much! Praise the Lord!"
Then Mr. St. Clare went for a walk.

Check Up

빈칸에 알맞은 말을 본문에서 찾아 쓰세요.

I am going to see the angels soon.
= I am going to _____ soon.

정답: die

One Point Lesson

Tom was the happiest he'd ever been in his life.
톰은 그의 일생에서 가장 기뻤다.

최상급: 'the 형용사/부사 + est'또는 'the most + 형용사/부사'의 형태로 '가장 ~하다'고 말할 때 쓴다.

ex. This is **the most useful** tool that I have. 이게 내가 가진 가장 유용한 도구다.

Some hours later, there was a knock at the door.
Tom opened it, and a group of men rushed in.
They were carrying the body of a man.
It was Mr. St. Clare.

"Oh no!" cried Tom. "What happened?"

사람들이 우르르~

무슨 일이오?

- **rush in** ~에 뛰어들다, 난입하다
- **body** 몸, 시체
- **local** (특정한) 지방의, 현지의, 고장의
- **tavern** 술집
- **drunken** 술 취한
- **apart** 떨어져, 헤어져
- **stab** 찌르다 (stab-stabbed-stabbed)
- **freedom papers** 해방 문서
- **mean** 못된, 비열한
- **fear** 무서워하다; 걱정하다
- **manage to 부정사** 간신히 ~하다
- **hide** 숨기다 (hide-hid-hidden)

CHAPTER FOUR Uncle Tom Meets an Angel

One of the men answered,
"Mr. St. Clare was at the local tavern.
Two drunken men began to fight.
Mr. St. Clare tried to push them apart.¹
But he was stabbed with a knife." → 그러다가 그만 칼에….
Moments later, Mr. St. Clare died.
He had died before finishing Tom's freedom papers.²
Mrs. St. Clare sold Tom to a mean farmer named Simon Legree.
Legree would take him deeper into the south. → 더 남쪽으로 갈 거야.
He feared he would never see his family again.³
When it was time to leave, Tom managed to hide his Bible.⁴
He thought he was going to need it.
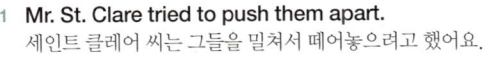
→ 그게 필요할 거야.

---

1 **Mr. St. Clare tried to push them apart.**
   세인트 클레어 씨는 그들을 밀쳐서 떼어놓으려고 했어요.

2 **He had died before finishing Tom's freedom papers.**
   그는 톰의 해방 문서를 완성하기 전에 죽고 말았다.

3 **He feared he would never see his family again.**
   그는 가족들을 다시는 보지 못할까봐 두려웠다.

4 **When it was time to leave, Tom managed to hide his Bible.**
   떠날 시간이 되었을 때 톰은 간신히 그의 성경책을 숨겼다.

CHAPTER FOUR
Comprehension Quiz

A 다음은 누가 한 말인지 이름을 쓰세요.

Uncle Tom

Eva

Mr. St. Clare

❶ I am going to see the angels soon. _____

❷ I'm going to make you a free man. _____

❸ Oh, thank you so much. Praise the Lord! _____

❹ Why do you want to own him? _____

B 본문 내용과 맞도록 바르게 연결하세요.

❶ Eva liked Tom so much • • ⓐ Mr. St. Clare called Tom to his office.

❷ Eva needed a lot of help • • ⓑ he would never see his family again.

❸ After Eva's death, • • ⓒ that she asked her father to buy Tom.

❹ Mr. St. Clare had died • • ⓓ because she was so weak.

❺ Tom feared • • ⓔ before he finished Tom's freedom papers.

*A*nswers

A ❶ Eva ❷ Mr. St. Clare ❸ Uncle Tom ❹ Mr. St. Clare

B ❶ – ⓒ ❷ – ⓓ ❸ – ⓐ ❹ – ⓔ ❺ – ⓑ

C 다음 질문에 대한 답을 간단하게 쓰세요.

1. Where was Mr. Haley taking Tom?
   ⇨ _____
2. What was Ophelia's job?
   ⇨ _____
3. Did Eva agree or disagree with slavery?
   ⇨ _____
4. What happened to Tom after Mr. St. Clare died?
   ⇨ _____

D 본문의 내용과 맞으면 T, 맞지 않으면 F에 표시하세요.

1. Mr. St. Clare needed Tom to take care of his wife. T F
2. Eva asked her father to free Tom. T F
3. Eva helped Tom write a letter to his family. T F
4. Tom was happy to work at the St. Clare's home. T F
5. Mr. St. Clare was shot in the chest and died. T F

---

*A*nswers

C ❶ (Deeper) South ❷ To take care of Eva ❸ She agreed.
   ❹ He was sold to a mean farmer (named Simon Legree).

D ❶ F ❷ T ❸ F ❹ T ❺ F

동사 다 모여!

<톰 아저씨의 오두막>에 나오는 주요 동사들을 총정리했다. 잘 익혀 보자.

sell 팔다
She sold her ring for a high price.
그녀는 반지를 높은 가격에 팔았다.

run away 도망치다
He ran away from the prison.
그는 감옥에서 도망쳤다.

hug 껴안다
They hugged each other.
그들은 서로를 껴안았다.

catch 붙잡다
A brave man caught the robber.
한 용감한 남자가 그 강도를 붙잡았다.

ride 타다
The girl enjoys riding a horse.
그 소녀는 말 타기를 즐긴다.

point to ~를 가리키다
He pointed to a tree in the garden.
그는 정원에 있는 한 나무를 가리켰다.

chase 뒤쫓다
Three dogs chased the slave.
세 마리의 개가 그 노예를 뒤쫓았다.

whisper 속삭이다
They whispered for a long time.
그들은 한참 동안 소곤거렸다.

fill 채우다
She filled the bottle with water.
그녀는 병에 물을 가득 채웠다.

cough 기침하다
The child has coughed all day.
그 아이는 하루 종일 기침했다.

hide 숨기다
He hid the money under the bed.
그는 돈을 침대 밑에 숨겼다.

scream 비명을 지르다
She screamed when she saw a ghost.
그녀는 유령을 보자 비명을 질렀다.

Chapter Five
The Deep South
머나먼 남부

RESPONSE NOTES

Master Legree's farm was a terrible, dirty place.
Tom had to wake up before sunrise.
All the slaves had to pick cotton in the fields.[1]
They worked under the hot sun all day.

땡볕에서 일하는 거야.

- **dirty** 더러운
- **sunrise** 일출
- **pick** (꽃 등을) 꺾다, 따다
- **cotton** 목화; 면
- **field** 들판, 밭
- **Jesus** 예수
- **life** 생활; 생명, 삶 (복수형: lives)
- **notice** 알아보다, 알아채다
- **next to** ~옆에
- **man** 남자 하인, 머슴; 부하
- **beat** 때리다 (beat–beat–beaten)
- **whip** 채찍질하다 (whip–whipped–whipped)

Sometimes at night, Tom told the other slaves about Jesus.

But they didn't believe Tom.

Their lives were just too terrible. 삶이 너무 고단했거든.

One morning, Tom noticed an old woman working next to him.²

She looked very weak.

She couldn't pick cotton very well.

Tom put some cotton in her basket. 그녀 바구니에 목화를 슬쩍~

Legree's men would beat her if she didn't pick enough cotton.³

"Don't do that,"

said the old woman.

"They'll whip you for that."

들키면 매질 당해요.

1 All the slaves had to pick cotton in the fields. 모든 노예들은 들판에서 목화를 따야 했다.
2 One morning, Tom noticed an old woman working next to him.
   어느 날 아침, 톰은 한 나이든 여자가 자기 옆에서 일하고 있는 것을 알아챘다.
3 Legree's men would beat her if she didn't pick enough cotton.
   레그리의 하인들은 그녀가 목화를 충분히 따지 못하면 그녀를 때릴 것이다.
   → 가정법 과거: 'if + 주어 + 동사의 과거, 주어 + would + 동사 ~'의 형태로 현재 사실과 반대되는 가정을 나타낸다.

- **however** 그런데, 하지만
- **in charge of** ~을 담당하는, 책임지는
- **shed** 창고, 광
- **teach** 가르치다 (teach-taught-taugut)
- **lesson** 훈계; 교훈
- **not ... at all** 전혀 ~아닌
- **clean** (상처를) 소독하다, 씻다
- **wound** 상처

1. However, the man in charge of the slaves saw them.
   그런데 노예들을 감독하는 남자가 그들을 봤다.

2. Sambo, take him to the shed and teach him a lesson.
   삼보, 그를 창고로 데려가서 한 수 가르쳐 주어라.
   → teach A a lesson: A를 혼내주다; 교훈을 주다

3. A woman came to the shed with some water. 한 여자가 물을 가지고 창고로 왔다.

CHAPTER FIVE The Deep South

However, the man in charge of the slaves saw them.¹
He was a slave named Sambo.

Sambo told Master Legree
that Tom was helping the old woman. → 주인에게 일러바쳤어.
This made Legree angry.
He said, "Sambo, take him to the shed and teach him a lesson."²
Sambo took Tom there and beat him very badly.

That night, Tom lay in the shed.
He was badly injured.
He couldn't move at all. → 꼼짝도 못해.
"Please," he cried out, "somebody give me some water!" → 누가 물 좀 주시오.
A woman came to the shed with some water.³
Her name was Cassy. She was kind to Tom.
She cleaned his wounds.

 **Check Up**

본문에서 teach him a lesson이 뜻하는 바를 우리말로 간단히 쓰세요.

자기 얘기를 들려 주었어.

Cassy told Tom her story.
A long time ago, her father was a rich man.
But her mother was a slave.
When her father died, she was sold as a slave.¹
Later, a young man bought her.
They fell in love. 노예와 주인이 사랑에 빠진 거야.
Cassy and the man had a daughter together.²
They were very happy.
But the man's cousin found out he loved a slave.
The cousin took Cassy's daughter away from her.³

☐ **fall in love** 사랑에 빠지다
☐ **find out** 알다, 발견하다 (find-found-found)
☐ **take A away from** A를 ~에서 멀리 데려가다
☐ **feel better** 몸이 좋아지다 (feel-felt-felt)
☐ **injury** 부상, 상처
☐ **heal** 치료하다, 낫게 하다
☐ **completely** 완전히, 남김없이
☐ **daily** 일상의

1 **When her father died, she was sold as a slave.**
그녀의 아버지가 죽자 그녀는 노예로 팔렸다. → as: 〈전치사〉 ~로서

2 **Cassy and the man had a daughter together.** 캐시와 그 남자는 딸을 낳았다.

3 **The cousin took Cassy's daughter away from her.**
그 사촌은 캐시의 딸을 그녀에게서 멀리 데려갔다.

4 **The daily work was very hard for him.** 매일 하는 일이 그에게는 매우 힘들었다.

CHAPTER FIVE The Deep South

Soon, Tom was feeling better enough to work in the fields.
But his injuries were not healed completely.
The daily work was very hard for him.[4]

하지만 상처가 다 아물지 않았어.

One Point Lesson

Soon, Tom was feeling better **enough to** work in the fields.
곧 톰은 밭에서 일할 수 있을 만큼 몸이 좋아지고 있었다.

형용사 + enough + to 부정사 / enough + 명사 + to부정사: ~할 만큼 충분한

ex. I have **enough** money **to** buy a car. 나는 차를 살 만큼 충분한 돈이 있어.

A few nights later, Cassy came to Tom.
"Tom, Legree is sleeping," she said,
"Let's take an ax and kill him.
Then we can escape!"
"No," said Tom.
"The Bible says it's always wrong to kill.[1]
You have to find another way to escape.[2]
I'll pray for you."
Just then, Cassy had an idea.
"You are right," she said.
"I'll think of another way."

The next day, Cassy told a lie to Legree
that she had seen a ghost in his attic.[3]
He was very afraid of ghosts.
She knew he would never go up there now.

- **ax** 도끼
- **escape** 탈출하다, 도망치다
- **wrong** 틀린, 잘못된
- **tell a lie** 거짓말을 하다
- **ghost** 유령
- **attic** 다락방
- **be afraid of** ~을 두려워하다
- **go up** 올라가다
- **plan to**부정사 ~하려고 계획하다
  (plan-planned-planned)
- **swamp** 늪
- **make sure** 확인하다

1 The Bible says it's always wrong to kill.
   성경에 살인을 하는 것은 언제나 나쁘다고 나와 있어요. → say: ~라고 쓰여 있다, 나와 있다
2 You have to find another way to escape. 도망가려면 다른 방법을 찾아야 해요.
3 The next day, Cassy told a lie to Legree that she had seen a ghost in his attic.
   다음 날 캐시는 레그리에게 그의 다락방에서 유령을 보았다고 거짓말했다.

CHAPTER FIVE The Deep South

Later, Cassy took some food and clothes.
She put them in her bag and ran away.
She planned to let him know about her running away.
She ran into the swamp and made sure that he saw her.

내가 도망가는 걸 분명히 봤겠지?

도망가는 걸 알게 한 다음에….

Check Up

본문의 내용과 맞는 것은?

a. 톰과 캐시는 함께 도망가기로 약속했다.
b. 레그리는 다락방에서 유령을 기다렸다.
c. 캐시는 옷과 음식을 갖고 도망 가는 척했다.

정답: c

One Point Lesson

She planned to **let him know** about her running away.
그녀는 그로 하여금 자신의 도주를 알게 할 계획이었다.

let + A + 동사원형: A가 ~하게 하다

ex. I'll **let her go** with you. 그녀가 너와 함께 가게 해줄게.

Legree immediately called Sambo.
"That crazy slave Cassy ran away into the swamp.
Take the dogs, and find her.
Just kill her, and let the dogs eat her body!"[1]

캐시가 늪으로 도망갔다.

- **immediately** 즉시
- **crazy** 미친; 어리석은, 무분별한
- **look around** 둘러보다
- **for + 기간** ~동안
- **safe** 안전한
- **until** ~할 때까지
- **give up** 포기하다 (give-gave-given)
- **search** 찾다, 수색하다

CHAPTER FIVE The Deep South

They looked around the swamp for three days.
But they couldn't find Cassy.   → 3일을 뒤졌지만….
She was back in the house and was hiding in the attic.
She was safe because Legree was afraid to go into the
attic.²   → 다락에 숨어 있었거든.
She would wait until he gave up searching.³
Then she would really run away.
                          → 그리곤 진짜로 도망치는 거야.

---

1   Just kill her, and let the dogs eat her body!
    그녀를 죽이고 개들이 그녀의 시체를 먹게 해라!

2   She was safe because Legree was afraid to go into the attic.
    레그리가 다락방에 들어가는 걸 두려워했기 때문에 그녀는 안전했다.

3   She would wait until he gave up searching.
    그녀는 그가 찾는 걸 포기할 때까지 기다릴 것이다.

Legree was angrier than ever before. → 이만저만 화가 난 게 아니야.
He went to Tom and shouted, "Tell me where Cassy is hiding!"[1]
Tom knew where Cassy was.

But he would never tell Legree. → 끝까지 말하지 않을 거야.
"I have nothing to tell you, Master," said Tom.
Then Legree beat Tom all night.

When Tom woke up, Sambo was washing his wounds.[2]

도대체 예수가 누구길래…. → "Tom, who is this Jesus?" Sambo asked.
"How can he make you so strong?
Legree beat you all night, but you never screamed."[3]

- **than ever before** 예전보다
- **shout** 소리치다
- **nothing** 아무것도 없음
- **all night** 밤새도록
- **scream** 비명을 지르다
- **pain** 고통

1 Tell me where Cassy is hiding! 캐시가 어디 숨어 있는지 말해!
2 When Tom woke up, Sambo was washing his wounds.
   톰이 깨어났을 때 삼보가 그의 상처를 닦아 주고 있었다.
3 Legree beat you all night, but you never screamed.
   레그리가 당신을 밤새도록 때렸는데도 당신은 결코 비명을 지르지 않았죠.

CHAPTER FIVE The Deep South

Tom told Sambo about Jesus.
Sambo cried when he heard the story.
"I can't help but believe it," cried Sambo.
Tom prayed for Sambo, but his pain was terrible.

너무 아파.

One Point Lesson

I can't help but believe it. 나는 그것을 믿지 않을 수가 없어요.

can't help but + 동사원형: ~하지 않을 수 없다 = can't help + 동명사

ex. He **can't help but love** her. = He **can't help loving** her.
그는 그녀를 사랑하지 않을 수 없다.

CHAPTER FIVE — Comprehension Quiz

A. 보기에서 알맞은 말을 골라 문장을 완성하세요.

> whip　screamed　wounds　charge　lesson

1. Don't do that. They'll _____ you for that.
2. When Tom woke up, Sambo was washing his _____.
3. Sambo, take him to the shed, and teach him a _____.
4. Legree beat you, but you never _____.
5. However, the man in _____ of the slaves saw them.

B. 본문의 내용과 맞으면 T, 맞지 않으면 F에 표시하세요.

1. The weak woman would be beaten if she didn't pick enough cotton.　T　F
2. Sambo told Legree Tom was reading the Bible. 　T　F
3. Tom didn't agree to kill Legree and escape. 　T　F
4. Cassy was very afraid of ghosts. 　T　F
5. Tom knew where Cassy was hiding. 　T　F

Answers

A.　❶ whip　❷ wounds　❸ lesson　❹ screamed　❺ charge
B.　❶ T　❷ F　❸ T　❹ F　❺ T

C 다음 질문에 알맞은 답을 고르세요.

❶ Why did Cassy tell Legree that she had seen a ghost?
(a) Because she really saw a ghost.
(b) Because she wanted to hide in the attic.
(c) Because Tom told her to do it.

❷ Why did Legree get angry at Tom the first time?
(a) Because he didn't work hard.
(b) Because he read the Bible too much.
(c) Because he put some cotton in a weak woman's basket.

D 다음 문장을 글의 내용에 맞게 다시 배열하세요.

❶ Cassy hid in the attic.
❷ Cassy told Legree she had seen a ghost in the attic.
❸ Cassy made sure Legree saw her run away.
❹ Legree looked for Cassy in the swamp for three days.
❺ Tom told Cassy to think of a new way to escape.

_____ ⇨ _____ ⇨ _____ ⇨ _____ ⇨ _____

---

*A*nswers

C ❶ (b) ❷ (c)
D ❺ ⇨ ❷ ⇨ ❸ ⇨ ❶ ⇨ ❹

Chapter Six

Free At Last
마침내 자유를 찾다

RESPONSE NOTES

Tom lay in the shed for three days.
A stranger came to the Legree's farm. → 낯선이가 농장을 찾아 왔어.
The stranger was a young white man.
He asked Legree, "Do you have a slave named Tom?"
→ 누구길래 톰을 찾는 걸까?
Legree lied, "No, there's no one here named Tom."[1]
Just then, a little slave boy pointed to the shed and
said, "Tom is in there!" → 저기 있어요!
The stranger walked into the shed.
Tom looked up and saw the stranger.
Tom knew it was young Johnny Shelby![2]

- **at last** 마침내
- **stranger** 낯선 사람, 이방인
- **lie** 거짓말하다; 거짓말
- **point** 가리키다, 지적하다
- **look up** 쳐다보다
- **fine** 훌륭한, 멋진

1 **No, there's no one here named Tom.** 아뇨, 여기에 톰이라는 사람은 없소.
2 **Tom knew it was young Johnny Shelby!** 톰은 그가 어린 조니 셸비라는 것을 알았다!

"Master Johnny," Tom said, "What a fine young man you've grown to be! Praise the Lord. Now I can die happy."

→ 이제 죽어도 여한이 없어요.

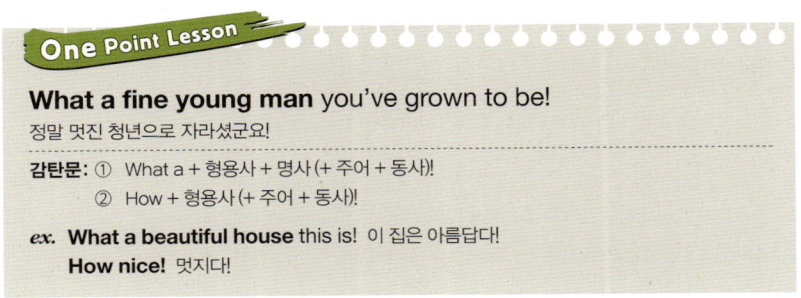

What a fine young man you've grown to be!
정말 멋진 청년으로 자라셨군요!

감탄문: ① What a + 형용사 + 명사 (+ 주어 + 동사)!
② How + 형용사 (+ 주어 + 동사)!

ex. **What a beautiful house** this is! 이 집은 아름답다!
How nice! 멋지다!

Johnny saw that Tom was hurt badly.
"Oh, Tom, you can't die now!
I've come to buy you back.

→ 지금 죽으면 안 돼요.

- **weakly** 약하게, 힘없이
- **just as** 바로 ~과 같이, ~대로
- **Heaven** 천국
- **for a moment** 잠시 동안
- **seem** ~처럼 보이다
- **feel like** ~처럼 느끼다

1. We saved enough money, just as I promised years ago.
   우리는 충분한 돈을 모았어요. 수년 전에 약속한 대로요.

2. Please tell Chloe I'm sorry I couldn't see her.
   클로이한테 그녀를 보지 못해 미안하다고 전해 주세요.

3. Johnny felt like God was in the room with him.
   조니는 하나님이 방 안에 그와 함께 있는 것 같은 느낌이 들었다.

CHAPTER SIX Free At Last

We saved enough money, just as I promised years ago."¹

"Master, you're too late," Tom said weakly.

"The Lord is taking me home with him. → 주님이 절 데려갈 거예요.

Please tell Chloe I'm sorry I couldn't see her.²

Tell her and my children to follow me to Heaven!" → 천국에서 보자고 해 주세요.

Then Tom died.

Johnny sat there for a moment, holding Tom.

This place seemed special.

Johnny felt like God was in the room with him.³

 **Check Up**

본문에서 I'm going to die.의 뜻으로 한 말을 찾아 쓰세요.

_____

정답: The Lord is taking me home with him.

One Point Lesson

Johnny sat there for a moment, holding Tom.
조니는 톰을 안고 잠시 동안 그곳에 앉아 있었다.

분사구문: 동시에 일어나고 있는 일을 표현함.

ex. She washed the dishes, **listening to the radio**.
그녀는 라디오를 들으면서 설거지를 했다.

That night, Cassy took a lot of money from Legree's desk.
Then she put a white sheet over her body.¹
She ran out of the house.
Legree didn't follow her
because he thought she was a ghost.

→ 유령인가봐. 무서워~

- **a lot of** 많은
- **sheet** 시트, 홑이불
- **run out of** ~에서 뛰어나가다
- **near** 가까운
- **fine** 좋은, 훌륭한
- **clothes** 옷
- **expensive** 비싼, 값진
- **think of** 생각해내다, 생각나다

1 Then she put a white sheet over her body.
그런 다음 그녀는 하얀 홑이불을 자기 몸에 덮어 씌웠다.

2 She bought some fine clothes and an expensive bag.
그녀는 좋은 옷과 비싼 가방을 샀다.

CHAPTER SIX Free At Last

Cassy went to the nearest town.
She bought some fine clothes
and an expensive bag.[2]
Then she went to a nice hotel.
No one thought she was
a runaway slave. → 도저히 도망친 노예라고는….
Cassy saw Johnny in the hotel
restaurant.
She knew he was a friend of Tom's.[3]
When Johnny saw her,
he thought she looked like
someone he knew.[4]
But he couldn't think of who it was. → 누군지 안 떠올라.

Check Up

본문의 내용과 맞으면 T, 틀리면 F를 쓰세요.

a 레그리는 캐시를 유령으로 착각했다. _____
b 호텔에서 캐시의 신분이 발각됐다. _____

정답: a. T b. F

3 **She knew he was a friend of Tom's.** 그녀는 그가 톰의 친구라는 것을 알고 있었다.
4 **When Johnny saw her, he thought she looked like someone he knew.**
조니는 캐시를 봤을 때 자기가 아는 누군가와 닮았다고 생각했다.
→ look like: ~와 닮다, ~처럼 생기다

Cassy told Johnny her story.
She also told him that she was a runaway slave.
He agreed to help her reach freedom in Canada.[1]

Johnny thought about Cassy's story.
She said she'd lost her daughter.
He realized who she looked like.[2]
"Eliza!" he said.
"Who is Eliza?" Cassy asked.
Johnny explained how Eliza had grown up
as his family's slave.[3]
"I must get to Canada!" said Cassy.
"I must find my family!"

Two months later, Cassy was in Canada.
A Quaker leader brought her to Eliza's house.
Eliza and George had been in Canada for five years.

- **lose** 잃다
  (lose-lost-lost)
- **realize** 깨닫다
- **look like** ~처럼 보이다, 닮다
- **explain** 설명하다
- **grow up** 자라다, 성장하다
  (grow-grew-grown)
- **get to** ~에 도착하다
- **leader** 지도자, 리더
- **each other** 서로

1 He agreed to help her reach freedom in Canada.
   그는 그녀가 캐나다에서 자유에 이르도록 도와주는 것에 동의했다.

2 He realized who she looked like. 그는 그녀가 누구를 닮았는지 깨달았다.

CHAPTER SIX Free At Last

Henry was a big boy now, and they had a new daughter.
The door opened.
Cassy and Eliza saw each other.
They hugged and cried.
Now they were all together.[4]

Check Up

내용에 맞게 빈칸에 알맞은 말을 쓰세요.
Cassy is Eliza's _____.

정답 : mother

3 Johnny explained how Eliza had grown up as his family's slave.
   조니는 일라이자가 자기 가족의 노예로 어떻게 자랐는지 설명했다.
4 They hugged and cried. Now they were all together.
   그들은 껴안고 울었다. 이제 그들은 모두 모였다.

Johnny traveled back home.

Some years earlier, Mr. Shelby had gotten sick and died.¹

So only Mrs. Shelby and Aunt Chloe were waiting for them.

They looked everywhere for Uncle Tom.²

"I'm so sorry," said Johnny.   →모셔오고 싶었지만….

"I wanted to bring Uncle Tom back.

But he's gone to live with God now."   →돌아가셨어요.

- **get sick** 병이 나다
- **wait for** ~를 기다리다
- **everywhere** 모든 곳, 사방
- **pass** 전하다
- **message** 전하는 말, 메세지
- **go free** 놓아주다, 석방하다

1 Some years earlier, Mr. Shelby had gotten sick and died.
몇 년 전에 셸비 씨는 병이 들어 죽었다.

2 They looked everywhere for Uncle Tom.
그들은 톰 아저씨를 찾아 여기저기를 둘러보았다.

CHAPTER SIX Free At Last

Mrs. Shelby began to cry, and Aunt Chloe said nothing.

He passed Tom's last messages of love to Aunt Chloe.[3]

A month later, Johnny let all of the slaves on the farm go free.[4]

"Don't thank me for your freedom," he said. "Thank Uncle Tom."

---

3 He passed Tom's last messages of love to Aunt Chloe.
   그는 톰의 마지막 사랑의 메시지를 클로이 아줌마에게 전했다.

4 A month later, Johnny let all of the slaves on the farm go free.
   한 달 후, 조니는 농장에 있는 모든 노예들을 풀어 주었다.

CHAPTER SIX
Comprehension Quiz

A 보기에서 알맞은 말을 골라 문장을 완성하세요.

> runaway   stranger   free   sheet

1. A _____ came to the Legree's farm.
2. Cassy put a white _____ over her body.
3. No one thought Cassy was a _____ slave.
4. Johnny let all of the slaves on the farm go _____.

B 다음 질문에 알맞은 답을 고르세요.

1. What was Uncle Tom's last wish for his family?
   (a) That they go to Canada to be free.
   (b) That they buy him back.
   (c) That they follow him to Heaven.

2. Why didn't Legree follow cassy with a white sheet?
   (a) Because he thought she was a ghost.
   (b) Because he was badly hurt.
   (c) Because he didn't notice her.

Answers

A ① stranger ② sheet ③ runaway ④ free
B ① (c) ② (a)

권말 부록

독해 길잡이 | 리스닝 길잡이

권말부록 ❶
독해 길잡이

영문 독해력 향상을 위한
영어의 **뼈대 읽기 연습**

독해를 잘하기 위한 첫 관문은 영어 문장의 구조를 잘 이해하는 것입니다.
여기서는 영어 문장의 주된 형태와 나열 순서를 파악해 봅시다. 문장의 뼈대을 알면 독해가 보인답니다.

"영문의 골격은 비교적 간단"

모든 영어 문장은 주어와 동사로 이루어져 있습니다. 문장이 아무리 길고 복잡해도 그 골격은
[주어 + 동사]이며, **[보어]**와 **[목적어]**는 주어와 동사를 보강해 주는 역할을 하죠.

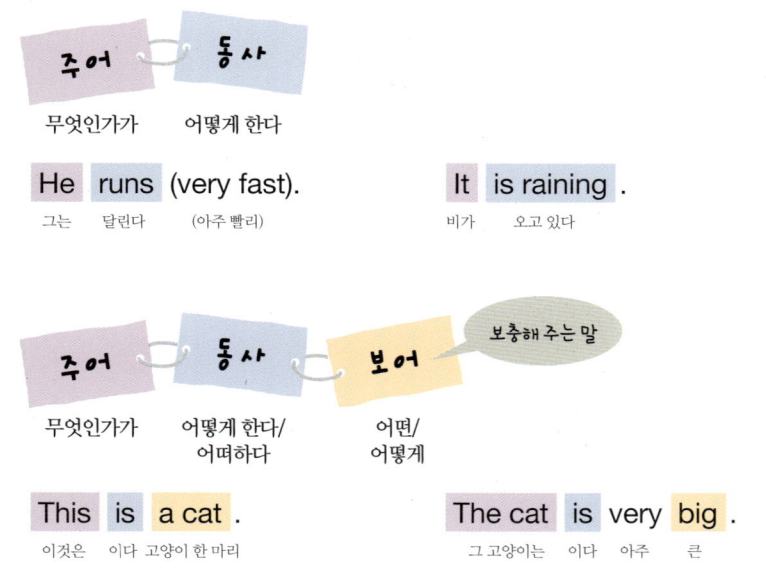

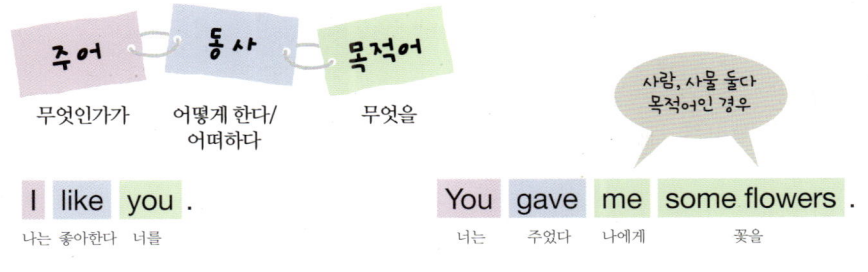

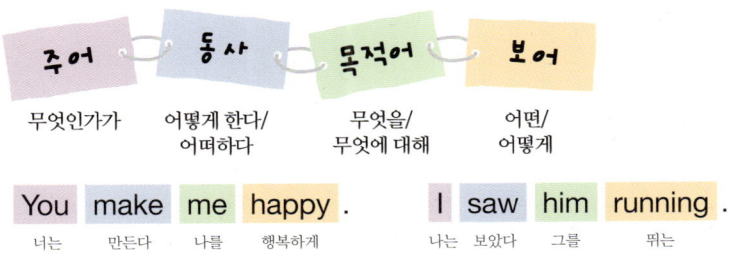

나머지 수식어나 수식절, 부사 등은 모두 기본 문장을 꾸미는 추가 요소라고 생각하면 영문을 읽기가 한결 쉬워집니다. 이상의 기본틀을 가지고 〈톰 아저씨의 오두막〉의 일부 발췌문을 다시 한번 읽으면서 문장의 뼈대를 파악하는 연습을 해봅시다.

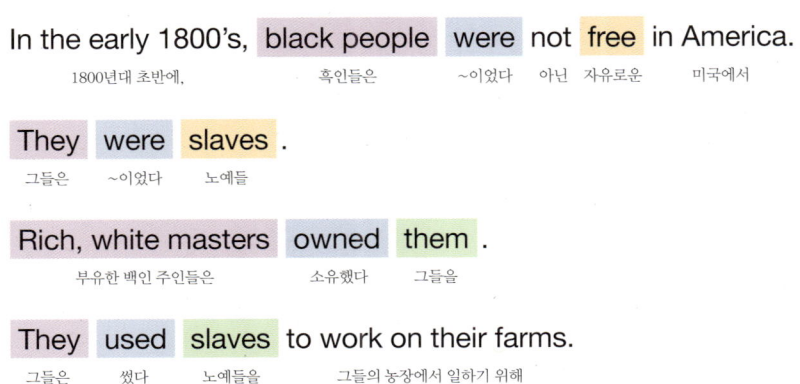

Many masters were terrible to their slaves.
많은 주인들은   ~이었다 지독한   그들의 노예들에게

But some were kind.
하지만 일부는 ~이었다 친절한

Master Shelby was one of them.
주인 셸비는   ~이었다 그들 중 하나

Recently, his farm's business was poor.
최근에   그의 농장 사업은   ~이었다 형편없는

He borrowed a lot of money from the bank.
그는 빌렸다   많은 돈을   은행으로부터

The only way to pay his debt was to sell some slaves.
유일한 방법은 빚을 갚기 위한 ~이었다 몇몇 노예를 파는 것

He hoped to sell his best slave, Tom, for a high price.
그는 희망했다 가장 좋은 노예를 파는 것을   톰   높은 가격에

☆ ☆ ☆ ☆

In the next room stood a slave named Eliza.
옆방에서   서 있었다 노예가   일라이자라는 이름의

She was a beautiful woman with light skin.
그녀는 ~이었다 아름다운 여인   옅은 피부를 가진

"Oh, my son, no!" she cried to herself.
오, 내 아들, 안 돼! 그녀는 소리쳤다 그녀 자신에게

She heard Master Shelby and Mr. Haley talking
그녀는 들었다   셸비 주인님과 헤일리 씨가   말하는 것을

to each other through the wall.
서로에게   벽을 통해

She knew it would be terrible to lose her son.
그녀는 알고 있었다 자기 아들을 잃는 것은 끔찍할 거라는 것을

This woman had been taken from her mother
이 여인은 데려가졌다 자기 어머니로부터

when she was a little girl.
그녀가 어린 소녀였을 때

Eliza's husband George ran away to Canada a few days ago.
일라이자의 남편 조지는 도망쳤다 캐나다로 며칠 전에

Blacks were free in Canada.
흑인들은 ~이었다 자유로운 캐나다에서

George wanted to work and save money.
조지는 원했다 일하고 돈을 모으는 것을

Then he could buy Eliza and Henry from Master Shelby.
그러면 그는 ~할 수 있었다 사다 일라이자와 헨리를 셸비 주인님으로부터

☆ ☆ ☆ ☆ ☆

The next morning, Mrs. Shelby knew
다음날 아침, 셸비 부인은 알았다

that Eliza had run away with Henry. "Oh dear," thought Mrs. Shelby,
일라이자가 헨리와 도망쳤다는 것을 세상에, 생각했다 셸비 부인은

"Mr. Haley will kill Eliza if he catches her."
헤일리 씨가 ~할 것이다 죽이다 일라이자를 그가 그녀를 잡으면

Mr. Haley was very angry when he heard Eliza had run away.
헤일리 씨는 ~이었다 매우 화난 그가 일라이자가 도망쳤다고 들었을 때

Mrs. Shelby decided to slow Mr. Haley down.
셸비 부인은 마음먹었다 헤일리 씨를 늦게 하는 것을

This would give Eliza a chance to escape.
이것은 ~할 것이다 주다 일라이자에게 기회를 도망칠

권말부록 ❷
리스닝 길잡이

이제는 본문의 이야기를 귀로 즐겨 봅시다.
아래의 듣기 요령과 함께 영어의 특징적인 발음 현상 몇 가지만 알고 있으면
영문을 훨씬 쉽게 알아들을 수 있습니다.

첫째 영어의 리듬을 타세요.

우리말은 각 글자가 모두 한 박자씩이라면 영어는 절대 그렇지 않습니다. 영어는 발음이 강한 부분과 약한 부분이 연속되면서 리듬을 만들어 냅니다. 즉 단어의 강세가 문장의 강세가 되어 각 문장마다 고유한 리듬을 만들어 나가게 되는 것입니다. 따라서 영어를 말하거나 들을 때 리듬을 타는 것은 필수적입니다. 이 리듬이 몸에 익으려면 연습이 많이 필요합니다. 우선 각 단어의 강세가 어디에 있는지 파악하는 것부터 시작합시다.

둘째 강하게 들리는 말 위주로 들으세요.

영어에서는 의미를 전달하는 데 중요한 역할을 하는 단어나 표현을 강하게 발음합니다. 따라서 크게 들리는 말부터 신경 쓰세요. 영어를 처음 들을 때는 모든 단어를 다 듣는 것보다는 자기가 듣는 말이 무슨 의미인지 파악하는 것이 우선입니다. 작게 들리는 말은 대부분 관사나 조동사 등 전체 내용에서 주요한 역할을 하지 못하는 것입니다. 지금 단계에서는 무시하셔도 좋습니다.

셋째 이어지는 말에 주의하세요.

영어는 눈으로 볼 때는 단어들이 각각 떨어져 있어 문제 없지만 들을 때는 사정이 달라집니다. 우리말과 마찬가지로 영어도 옆의 단어와 음이 합쳐지는 경우가 많습니다. 예를 들어 '옷을 벗다'의 의미인 take off는 [테이크 어프]가 아니라 [테이커프]처럼 한 단어처럼 들리게 됩니다.

★ 이제 영어 리스닝에서 주의해야 할 매우 기본적인 사항을 알게 되었습니다.

나도 미국인 성우!
섀도잉하기

이번에는 영어를 들으면서 한 가지 재미있는 연습을 해봅시다.
섀도잉(shadowing)이라는 것입니다. shadow가 '그림자'란 의미이죠? 이 단어가 동사로는 '그림자처럼 따라다니다'의 뜻이 있습니다. 음원을 듣고 성우가 하는 말을 몇 박자 뒤에 그대로 따라하는 것입니다. 성우가 말하는 속도, 그리고 힘을 주는 부분, 약하게 읽는 부분, 말을 멈추는 부분을 앵무새처럼 똑같이 따라해 보세요.
자기도 모르는 사이에 영어 말하기와 듣기 실력이 쑥쑥 늘 것입니다. 이 방법은 전문가들 사이에서도 효과가 입증되어 있답니다. 물론 각각의 어구와 문장들이 무슨 뜻인지 생각하면서 읽어야겠죠.

1단계 자기가 따라할 수 있는 부분까지 듣고 음원을 멈춘다.
그리고 큰 소리로 따라한다.

2단계 자기가 따라할 수 있는 부분까지 듣고 큰 소리로 따라한다. 소리 내어 말하는 동시에 음원에서 나오는 소리를 들으며 돌림노래 부르듯 따라한다.

3단계 갈수록 좀더 많이(한 문장 정도) 듣고 섀도잉한다.

※주의 : 항상 자신이 어떤 내용을 읽고 있는 건지 생각하세요!

즐거운
리스닝 연습

CHAPTER ONE : page 12-13

In the early 1800's, black people were not free in America. They were slaves. Rich, white masters (❶) (   ). They used slaves to (❷) (   ) their farms. Many masters were terrible to their slaves. But some were kind. Master Shelby was (❸) (   ) (   ).

❶ **owned them** [오운ð뎀 / 오운ð듬] owned의 -ed [d]와 them의 th-[ð]가 이어지면서 한 단어처럼 발음되었다. 영어에서는 같거나 비슷한 음이 이어지면 한 번에 발음하는 경향이 있다. 이런 경우 동사가 과거형인지 귀로 들어서는 전혀 알 수 없다. 문맥으로 파악하는 수밖에.

❷ **work on** [워r컨] work의 -k와 on이 이어졌다. 앞 단어가 자음으로 끝나고 이어지는 단어가 모음으로 시작하면 십중팔구 연음이 된다. 영어를 눈으로 보는 것과 듣는 것을 영판 다르게 만드는 가장 큰 요소이다. 한번 연음이 된 표현은 다른 경우에도 대개 연음되므로, 자주 나오는 표현들의 발음은 한 단어처럼 익혀 두자.

❸ **one of them** [워너(v)ð뎀] one of는 연음되고, 뒤에 them이 이어지면서 of의 f[v]음이 탈락해 버렸다. 이 표현도 상당히 자주 나온다. 이렇게 흔히 접하는 표현은 발음도 한 단어처럼 익혀두자.

다음은 〈톰 아저씨의 오두막〉의 앞부분입니다. 처음이 잘 들리면 계속해서 부담이 없지요. 우선 이 앞부분을 들어 보세요. 그리고 괄호 안이 어떻게 들리는지 귀 기울이십시오. 또한 이어지는 각 발음에 대한 설명을 잘 읽어 보세요. 영어의 대표 발음 현상을 위주로 알기 쉽게 해설했으므로 여기에 나오지 않는 부분도 문제없이 들을 수 있을 것입니다.

CHAPTER TWO   : page 24-25

The (❶) (   ), Mrs. Shelby knew that Eliza had (❷) (   ) with Henry. "Oh dear," thought Mrs. Shelby, "Mr. Haley will kill Eliza if he catches her." Mr. Haley was very angry (❸) (   ) heard Eliza had run away. Mrs. Shelby decided to slow Mr. Haley down. This would give Eliza a chance to escape.

❶ **next morning** [넥스(ㅌ)모닝] next의 t음은 거의 발음되지 않는다. next의 -xt와 morning의 m-이 이어지면서 자음 3개가 연속하게 되었다. 이런 경우 가운데 자음 -t는 흔히 탈락된다.

❷ **run away** [러너웨이] run away는 흔히 연음된다. run away(도망가다)와 같은 단어는 '동사 + 부사'로 이루어진 2어 동사이다. 이들 동사구는 동사보다 부사를 더 강하게 발음하는 경향이 있다는 것에 유의한다. 흔히 쓰이는 이런 동사구들은 발음도 한 번에 익혀 두도록 하자.

❸ **when he** [웬히 / 웨니] he는 h음이 탈락되고 앞 단어와 연음되기도 한다. h-로 시작하는 대명사(him, he, her 등)와 조동사(have, has) 등은 빠르게 발음될 경우 h-음이 소리 나지 않는 경우가 있다.

CHAPTER THREE : page 38-39

> Eliza's husband George had escaped from his master, too. (❶) ( ) was very lightly colored. So he was able to look like a white man. He did this by coloring his hair yellow.

❶ **George's skin** [조r쥐ㅅ낀] George's의 –s와 skin의 s–가 이어지면서 한번에 발음되었다. 이런 경우 소유격임을 들어서는 알 수 없다. 문맥으로 파악해야만 한다. 리스닝 실력을 기르려면 영문 구조에 대해 명확히 아는 것이 우선이다.

CHAPTER FOUR : page 51

> While Eliza and George traveled north, Mr. Haley took Uncle Tom deeper south. For the (❶) ( ) ( ) the trip, they took a boat. On the boat, Tom met a sweet little girl named (❷). She was a beautiful girl and made people smile.

❶ **last part of** [래ㅅ파러v] last의 t도 뒤에 part가 이어지면서 발음되지 않는다. last는 단독으로 발음하더라도 '래스트'라고 또박또박하지 말고 –st를 'ㅅㅌ'로 '으' 발음을 하지 않고 가볍고 빠르게 해주어야 자연스럽다. 한편 part of는 연음되면서 모음 사이에 있는 t가 [r]로 소리난다 이는 미국영어의 대표적인 발음현상이다.

❷ **Eva** [이바] Eva는 '에바'가 아니다. 우리에게 익숙한 고유명사 및 외래어나 외국어는 쉽게들 생각하지만, 막상 들을 때 우리가 잘 알고 있는 소리로 절대 들리지 않는다. 따라서 외래어, 외국어가 듣기에 장애가 되는 경우가 많은데, 이는 접할 때마다 발음과 강세를 익혀 두자.

CHAPTER FIVE : page 64-65

> Master Legree's farm was a terrible, dirty place. Tom (❶) ( ) wake up before sunrise. All the slaves had to pick (❷) in the fields. They worked under the hot sun all day.

❶ **had to** [해투] had의 −d와 to가 이어지면서 한번에 발음되었다. 이 표현도 아주 흔히 나오므로 발음을 잘 익혀 두자. 한편 to는 [터]처럼 소리 나는 경우도 많다.

❷ **cotton** [카튼 / 캇은] cotton은 발음이 두 가지다. 후자의 경우 −on을 발음하기 전에 잠시 [웃] 하고 숨을 멈추었다가 콧소리를 내며 이어지는 음을 소리 낸다. 이는 mountain, lately처럼 [tn], [tl]음에서 주로 일어나는 현상이다.

CHAPTER SIX : page 78

> Tom lay in the shed for three days. A (❶) came to the Legree's farm. The stranger was a young white man. He (❷) Legree, "Do you have a slave named Tom?" Legree lied, "No, there's no one here named Tom."

❶ **stranger** [ㅅ뜨뤠인저r] stranger에서 −t−가 '뜨'처럼 소리 나는데, 이는 s− 다음에 p, t, k음이 이어지면 된소리로 발음되는 경향 때문이다.

❷ **asked** [애슥트] ask는 '애스크'가 아니다. 마지막 [k]음이 앞 모음의 받침처럼 발음돼 '애슥'처럼 소리난다. p, t, k, s, b, d, g 등으로 끝나고 바로 앞에 모음이 있으면, 마지막 음은 앞 모음의 받침처럼 발음한다.

Listening Comprehension

 인물에 대한 설명을 듣고 각각의 인물 그림 밑에 맞는 번호를 써 넣으세요.

Eva   Uncle Tom   Eliza   Mr. Haley

_____   _____   _____   _____

B 다음 문장을 듣고 빈칸을 채워 문장을 완성하세요.

① Tom and other slaves had to _____ _____ in the field.

② While Eliza and George _____ north, Mr. Haley took Uncle Tom _____ south.

③ The only way to _____ his _____ was to sell some slaves.

④ Tom opened the door and a _____ of men _____ in.

⑤ They got in the _____ and _____ very quickly.

⑥ They could hear the slave catchers _____ up _____ them.

---

*A*nswers

A Eva - ① a sweet little girl who liked Tom / Uncle Tom - ② the best slave of Master Shelby / Eliza - ③ a slave who traveled north to Canada / Mr. Haley - ④ a terrible slave trader who bought Uncle Tom

B ① pick, cotton ② traveled, deeper ③ pay, debt ④ group, rushed ⑤ wagon, drove ⑥ climbing, behind

008.MP3

C 질문을 듣고 내용에 가장 알맞은 답을 고르세요.

❶ _____?

(a) Because she wanted a new slave.

(b) Because she wanted to make Uncle Tom happy.

(c) Because she wanted to help stop slavery.

❷ _____?

(a) Because she was unhappy with life on the Shelby's farm.

(b) Because she wanted to go to Canada to be free.

(c) Because Mr. Shelby sold her daughter to a slave trader.

D 문장을 듣고 받아쓴 다음, 옳은 설명은 T에, 틀린 것은 F에 표시하세요.

❶ _____   T F

❷ _____   T F

❸ _____   T F

❹ _____   T F

❺ _____   T F

---

*A*nswers

C ❶ Why did Eva want her father to buy Uncle Tom? (b)
　 ❷ Why did Eliza run away from the Shelby farm? (b)

D ❶ The Quakers helped Eliza and George reach Canada. (T)
　 ❷ Mr. St. Clare bought Tom for his wife. (F)
　 ❸ George was able to look like a white man. (T)
　 ❹ Sambo beat Tom badly when he heard the story of Jesus Christ. (F)
　 ❺ Uncle Tom died and he couldn't see his family again. (T)

전문 번역

[제 1 장] 노예와 주인

p. 12-13 1800년대 초, 미국에서 흑인들은 자유롭지 못했다. 그들은 노예였다. 부유한 백인 주인들이 그들을 소유하고 있었다. 그 주인들은 농장에서 일하는 데 노예들을 이용했다. 많은 주인들이 노예들에게 가혹했다. 그러나 몇몇 주인은 친절했다.

주인 셸비도 그런 사람 중 하나였다. 최근에 그의 농장 일이 잘 되지 않았다. 그는 은행에서 많은 돈을 빌렸다. 그 빚을 갚을 유일한 방법은 몇몇 노예를 파는 것이었다. 그는 제일 좋은 노예인 톰을 비싼 가격에 팔길 바랐다.

p. 14-15 헤일리 씨라는 노예 상인이 톰을 사러 왔다. 헤일리 씨는 아주 나쁜 사람이었다. 그는 노예들을 짐승처럼 다뤘다.

"톰은 내가 데리고 있는 최고의 노예입니다."라고 주인 셸비는 말했다. "그는 하나님을 믿는 착한 사람이죠." "하나님은 흑인에 대해선 신경 쓰지 않소. 그들은 사람도 아니오. 나는 그저 톰이 열심히 일하는 일꾼이기 때문에 그를 사고 싶어 하는 것뿐이오."라고 헤일리 씨는 말했다. "하지만 당신은 노예 한 명에 너무 많은 돈을 원하는군요. 노예 아이도 하나 준다면 당신이 필요한 돈을 지불하겠소." "좋습니다." 주인 셸비는 동의했다. "그러긴 싫지만, 나는 우리 농장을 구해야 합니다. 당신에게 어린 헨리를 주겠습니다. 그 아인 좋은 노예로 자랄 것입니다."

p. 16-17 옆방에는 일라이자라는 노예가 있었다. 그녀는 밝은 색 피부를 가진 아름다운 여인이었다. "아, 내 아들, 안 돼!"라고 그녀는 속으로 외쳤다. 그녀는 벽을 통해 주인 셸비와 헤일리 씨가 서로 얘기하는 걸 들었다. 그녀는 아들을 잃는 것이 끔찍하리라는 것을 알고 있었다. 이 여인은 어렸을 때 엄마와 헤어졌다.

일라이자의 남편인 조지는 며칠 전 캐나다로 도망쳤다. 캐나다에서 흑인은 자유의 몸이었다. 조지는 일을 해서 돈을 모으고 싶어 했다. 그렇게 되면 주인 셸비에게서 일라이자와 헨리를 살 수 있을 것이다. 그러나 그 나쁜 남자가 헨리를 남부로 데려간다면 그런 일은 결코 일어나지 않을 것이다. 일라이자는 아들을 들어 올려 꼭 껴안았다. "걱정 마."라고 그녀는 부드럽게 말했다. "우리가 하나님을 믿으면 그분이 우리에게 자유로 가는 길을 안내해 주실 거야."

p. 18-19 주인 셸비의 커다란 집 뒤에는 작은 통나무 오두막집이 한 채 있었다. 이것은 노예들을 위한 집이었다. 오두막집은 작았지만 안은 아주 따뜻했다. 갓 구운 케이크 냄새가 공중에 퍼졌다. 식탁에는 톰 아저씨와 조니가 앉아 있었다. 조니는 주인 셸비의 아들이었다. 그는 톰 아저씨와 그의 아내인 클로이 아줌마를 몹시 사랑했다. 지금 조니는 톰 아저씨에게 읽는 법을 가르치고 있었다.

오두막집 안이 갑자기 즐거워하는 그들의 많은 아이들로 가득 찼다. 그들은 케이크 냄새를 맡자 오두막집 안으로 뛰어 들어왔다. 조니도 케이크 먹는 게 신이 났다. 톰 아저씨는 아주 행복했다. 그는 아이들 중 둘을 안고는 노래를 불렀다.

p. 20-21 그들이 케이크를 먹고 있는 사이, 일라이자가 톰 아저씨의 오두막으로 들어왔다. 그녀는 그에게 끔찍한 소식을 전해야 했다. 눈에 눈물을 글썽이며 그녀는 말했다. "셸비 주인님이 제 아들을 팔았어요! 우리는 달아나야 해요. 우리는 캐나다에 가려고 노력해 볼 거예요. 톰 아저씨, 셸비 주인님이 당신도 팔았어요. 우리와 함께 가요! 하나님이 우리에게 길을 보여 주실 거예요!" "싫다."라고 톰 아저씨가 말했다. "난 너와 도망갈 수가 없구나. 내가 도망간다면 클로이와 내 아이들이 위험에 처할 거야. 내가 팔려 가는 게 나아. 하나님이 나를 지켜 주시길 기도해야겠구나."

클로이 아줌마와 아이들은 울음을 멈추지 못했다. 일라이자는 기다릴 수가 없었다. 그녀는 헨리를 들어 올려서 꼭 껴안았다. 그리고는 밤의 어둠 속으로 사라졌다.

[제 2 장] 집을 떠나다

p. 24-25 다음날 아침 셸비 부인은 일라이자가 헨리와 함께 도망쳤다는 걸 알았다. "아, 이런, 헤일리 씨가 일라이자를 잡게 되면 그녀를 죽여 버릴 텐데."라고 셸비 부인은 생각했다. 헤일리 씨는 일라이자가 도망쳤다는 얘길 들었을 때 몹시 화가 났다.

셸비 부인은 헤일리 씨에게 시간을 지체시키기로 결심했다. 그렇게 하면 일라이자에게 도망칠 기회를 줄 수 있을 것이다. 그녀에게 묘안이 있었다. 그녀의 노예 중 하나가 헤일리 씨의 말안장 밑에 작은 돌을 집어넣었다. 이것이 말을 몹시 흥분시켰다. 헤일리 씨는 오랫동안 말을 탈 수가 없었다. 마침내 그는 말을 타고 일라이자를 찾으러 갔다.

p. 26-27 헤일리 씨는 달아난 노예들이 항상 오하이오 강으로 간다는 걸 알고 있었다. 그들이 강을 건널 수 있다면 오하이오 사람들이 그들을 도와줄 것이다. 일라이자도 필사적으로 강을 건너려고 했다. 그러나 그녀가 강에 다다랐을 때 강엔 얼음이 가득했다. 배도 얼음 덮인 강을 건널 수 없었다. 일라이자는 하나님께 강을 건널 수 있게 도와달라고 기도했다. 헤일리 씨는 일라이자와 헨리를 보았다. "거기 서!" 그가 소리쳤다 "그 아이는 내 거야!" 일라이자는 헤일리 씨와 얼음 덮인 강 사이에 갇혀버렸다.

그래서 그녀는 강에 있는 얼음 덩어리 위로 뛰어 올랐다. 그런 다음 또 다른 얼음 조각 위로 건너뛰었다! 그녀는 신발을 신고 있지 않았기 때문에 발에서 피가 났다. 그러나 마침내 그녀는 강을 건넜다.

p. 28-29 오하이오 강 건너편에서 일라이자는 자신이 알고 있는 한 남자를 만났다. 그는 셸비의 친구들 중 한 사람인 심스 씨였다. "심스 씨, 제발 저를 도와주세요!"라고 일라이자가 울부짖었다. "노예제도를 싫어하는 한 세력가를 제가 알고 있어요."라고 그가 말했다. "그가 당신을 도와줄 거예요. 그의 이름은 버드 상원의원이에요." 심스 씨는 길 건너편에 있는 멋진 저택을 가리켰다. 일라이자는 그  집으로 가서 문을 두드렸다. 버드 부인은 일라이자를 안으로 들어오게 했다. 상원의원과 버드 부인은 일라이자의 얘기를 들었다. 그들은 그녀가 캐나다로 가는 걸 도와주기로 했다.

헤일리 씨는 강 건너편에 있었다. 그는 몹시 화가 났다. 그는 일라이자를 추적할 노예 사냥꾼 한 명을 고용했다. 그런 다음 톰을 데리러 셸비 농장으로 돌아갔다.

p. 30-31 다시 셸비 농장에서는 톰 아저씨가 자신의 오두막집 안에 앉아 있었다. 그는 성경을 읽고 있었다. 클로이 아줌마는 외쳤다. "그들이 당신을 남부에 팔지만 않는다면 좋을 텐데. 그곳에선 아무도 돌아오지 못해요. 그곳 아래쪽에서는 노예들을 죽인대요!" "이제는 하나님의 손에 달렸소."라고 톰 아저씨는 말했다. "난 그들이 내 아이들이 아니라 나를 판 것에 감사하오."

그는 잠든 아이들을 사랑스럽게 바라보았다. 오두막 문 두드리는 소리가 났다. 셸비 부인이었다. 셸비 부인은 그곳에 서서 울고 있었다. "내 친애하는 사람이여, 가야 할 시간이에요."라고 그녀가 말했다. "하지만 당신이 있는 곳을 찾아내겠다고 약속할게요. 돈을 마련해서 당신을 도로 사올 거예요."

p. 32-33 갑자기 헤일리 씨가 방으로 들이닥쳤다. 그는 톰에게 "이제 갈 시간이다!"라고 말했다. 그는 톰 아저씨에게 무거운 쇠사슬을 채웠다. 그런 다음 그들은 마차를 타고 떠났다.

마을을 벗어나던 도중에 헤일리 씨는 한 가게에 들렀다. 톰은 밖에서 마차에 앉아 기다렸다. 어린 조니 셸비가 말을 타고 그들을 쫓아왔다. 그는 마차 안으로 뛰어 들어와 톰을 안았다. "난 노예제도가 싫어요, 톰 아저씨!"라고 조니는 외쳤다.

톰 아저씨는 그 아이를 안고는 말했다. "자, 조니 도련님, 어머니께 착한 아들이 되세요. 하나님은 오직 한 분의 어머니만 주시니까요." "그럴게요, 톰 아저씨."라고 조니는 약속했다. 그는 또한 남부로 내려가 톰 아저씨를 사오겠다고 약속했다. 그런 다음 그들은 작별 인사를 했다.

[제 3 장] 자유를 찾아 북으로

p. 38-39 일라이자의 남편 조지도 주인에게서 도망쳤다. 조지의 피부는 아주 밝은 색이었다. 그래서 백인처럼 보일 수 있었다. 그는 머리를 노란색으로 물들여서 그렇게 했다. 그는 또한 부유해 보이는 옷도 입었다. 그러자 아무도 그가 도망친 노예라는 걸 몰랐다. 조지는 레스토랑으로 들어갔다. 그는 자신이 찾고 있던 오랜 친구를 만났다. 그 친구는 윌슨 씨였다.

조지의 옛 주인은 가끔 그에게 윌슨 씨의 일을 해주도록 했다. "조지, 여기서 뭐하고 있는 건가?" 윌슨 씨가 속삭였다. "지금 자네는 아주 위험해!" 조지는 총 두 자루와 칼 하나를 친구에게 보여 주었다. "결투 없이는 아무도 나를 붙잡지 못할 거예요."라고 그는 진지하게 말했다.

p. 40-41 윌슨 씨는 안전하게 얘기할 수 있는 방으로 조지를 데려갔다. "자네 아내와 아들은 어떻게 되었나?"라고 윌슨 씨가 물었다. 조지의 얼굴은 걱정스러워 보였다. "그들이 며칠 전에 도망쳤다고 들었어요. 이젠 하나님의 손에 달렸어요."라고 그가 말했다.

"난 자네를 돕고 싶네."라고 윌슨 씨가 말했다. "여기 이 돈을 받게." 그는 조지의 손에 많은 돈을 밀어 넣었다. "고맙습니다."라고 조지는 말했다. "언젠가 꼭 이 돈을 갚겠습니다. 약속해요." 그런 다음 윌슨 씨는 조지에게 충고를 해 주었다. "오하이오 강 건너편에 도착하면 퀘이커 교도의 교회를 찾게. 그들이 자네가 캐나다에 도착하도록 도와줄 걸세."

같은 시간, 버드 가족도 일라이자와 헨리를 도와줄 또 다른 가족에게 그들을 데려갔다. 이들은 퀘이커 교도였다.

　　p. 42　　이 퀘이커 교도 가족은 아주 친절했다. 아버지의 이름은 사이먼이었고 어머니의 이름은 레이첼이었다. 그들에게는 5명의 아이들이 있었다.

어느 날 사이먼은 일라이자와 레이첼에게 말했다. "친구 데이빗이 오늘밤에 올 겁니다. 그는 어떤 특별한 사람을 데려올 거예요." 일라이자는 좋은 소식을 들어서 기뻤다. "일라이자, 하나님이 당신을 축복해 주셨소." 사이먼이 아주 천천히 말했다. "그분이 당신의 남편을 무사히 지켜 주셨어요." 일라이자는 깜짝 놀랐다. 그 얘기를 듣고 그녀는 쓰러졌다. 그녀가 들은 마지막 말은 "오늘밤 그를 만나게 될 거요."였다.

일라이자가 깨어났을 때 그녀는 조지를 보았다. 그는 그녀의 방에서 그녀를 꼭 안고 있었다. 헨리는 그들 옆에서 아직 자고 있었다. 모두 너무나 행복했다.

　　p. 44-45　　일라이자, 조지, 그리고 헨리는 그 퀘이커 교도의 집에서 아주 편안했다. 어느 날 조지는 사이먼에게 그와 레이첼이 염려된다고 말했다. "당신들이 도망친 노예들을 도왔다는 이유로 벌을 받지 않기를 바라요." "친구 조지, 내가 감옥에 가야 한다 해도 괜찮네."라고 사이먼은 대답했다. "우리는 하나님과 인간을 위해 이런 일을 하는 거라네."

갑자기 데이빗이 집 안으로 달려 들어왔다. "지금 떠나야 돼요! 노예 사냥꾼들이 오고 있어요!" 그들은 재빨리 마차를 타고 갔다. 그들은 자신들을 뒤따라오는 말의 소리를 들을 수 있었다.

데이빗은 절벽 앞에서 말을 멈췄다. "내려요. 어서요!"라고 데이빗이 소리쳤다. "절벽 꼭대기로 올라가요. 저 위에서는 우리를 잡기가 힘들 거예요!"

그들은 절벽을 타고 올라가 아주 조용히 기다렸다. 노예 사냥꾼들이 그들을 뒤따라 올라오고 있었다. 그때 한 사람이 나타났다!

　　p. 46-47　　조지는 총을 뽑아서 그 노예 사냥꾼을 쏘았다. 그러자 데이빗은 그 남자를 절벽 밖으로 밀어냈다. 그 노예 사냥꾼은 저 아래로 떨어졌다. 그는 심하게 상처를 입고 거기에 누워 있었다. "도와줘! 가지 마!" 그 남자는 다른 노예 사냥꾼들에게 큰 소리로 외쳤다.

그러나 그들은 말을 타고 가버렸다. "우리가 그를 도웁시다."라고 데이빗이 말했다. "이제 그는 아무도 해칠 수 없어요." 그들은 그 부상당한 남자를 들어서 마차에 실었다. 그들은 그를 보살펴 주기 위해 한 퀘이커 교도의 집으로 데려갔다. 그런 다음 데이빗은 일라이자의 가족을 국경으로 데려갔다. 미국과 캐나다 사이에 있는 국경이었다. 그들은 자유를 향해 북쪽으로 가는 길에 올랐다!

[제 4 장] **천사를 만난 톰 아저씨**

　　p. 51　　일라이자와 조지가 북으로 가는 사이, 헤일리 씨는 톰 아저씨를 더 먼 남부로 데려갔다. 그 여행의 끝에 그들은 배를 탔다. 그 배에서 톰은 에바라는 아주 사랑스러운 꼬마 소녀를 만

났다. 그녀는 아주 아름다운 소녀였고 사람들을 미소 짓게 만들었다. 에바는 톰 아저씨를 아주 좋아했다. 그녀는 톰이 너무 좋아서 아버지께 그를 사달라고 부탁했다. "그런데 에바, 왜 그를 갖고 싶은 거니?"라고 그녀의 아버지는 물었다. "왜냐하면 그를 행복하게 해주고 싶으니까요!"라고 그녀는 말했다. 에바의 아버지는 세인트 클레어 씨였다. 그는 아주 부자였다. 그는 자기 딸을 그 무엇보다도 사랑했다. 그래서 그는 그녀를 위해 톰을 사주었다.

p. 52 에바는 튼튼한 소녀가 아니었다. 그녀와 세인트 클레어 씨는 그의 사촌인 오필리어를 데리러 간 여행에서 돌아오는 중이었다. 오필리어가 에바를 돌봐줄 예정이었다.

에바의 어머니 마리는 그녀를 돌볼 수가 없었다. 그녀는 몹시 병약하고 불행한 여인이었다. 그녀는 대부분의 시간을 침대에 누워 있었다.

세인트 클레어 씨의 집은 크고 훌륭했다. 그곳은 동화에 나오는 성 같았다. 톰은 자신을 이런 멋진 곳으로 보내 준 것에 대해 하나님께 감사했다.

에바를 돌보는 것이 오필리어와 톰의 일이었다. 그녀는 몸이 아주 약해서 많은 도움이 필요했다.

p. 54-55 몇 달이 지나면서 에바와 톰은 좋은 친구가 되었다. 때때로 에바와 톰은 노예제도에 대해 얘기를 나눴다. 에바는 노예제도가 톰을 자신의 삶 속으로 데려왔기 때문에 그것이 좋은 거라고 생각했다.

어느 날 세인트 클레어 씨는 톰이 편지 쓰는 것을 도와주었다. 그는 톰의 아내인 클로이와 아이들에게 편지를 썼다.

톰은 그들에게 자신이 어디에 있는지 말해 주고 싶었다. 그는 또한 자신이 건강하다는 걸 그들이 알길 바랐다.

몇 개월 후에 톰에게 편지 한 통이 왔다. 그것은 조니 셸비가 보낸 것이었다. 거기엔 톰 아저씨의 아이들이 모두 잘 지내고 있다고 쓰여 있었다. 클로이는 빵집에서 일하면서 돈을 모으고 있었다. 5년이 지나면 그녀는 톰을 다시 살 만큼 충분한 돈을 갖게 될 것이다. 이 편지는 톰의 마음을 기쁨과 희망으로 가득 채워 주었다.

p. 56-57 달이 가고 해가 갈수록 에바는 점점 약해졌다. 곧 그녀는 늘 침대에 누워 있어야 했다. 어느 날 그녀는 아버지를 자기 머리맡으로 불렀다.

"전 곧 천사들을 만나게 될 거예요."라고 그녀가 말했다. "제가 죽은 후에 톰을 자유롭게 해주겠다고 약속해 주세요. 그는 가족이 있는 집으로 돌아가야 해요." 세인트 클레어 씨는 안 된다는 말을 할 수 없었다. "그래, 얘야. 약속할게." 마침내 에바는 세상을 떠났다.

에바가 죽은 후 세인트 클레어 씨는 톰을 자기 사무실로 불렀다. "톰." 그는 미소를 지으며 말했다. "자네를 자유인으로 만들어 주겠네." 톰은 자기 일생 중 가장 기뻤다. "오, 정말 감사합니다! 하나님 감사합니다!" 그런 다음 세인트 클레어 씨는 산책을 나갔다.

108

p. 58-59 몇 시간 후에 문 두드리는 소리가 들렸다. 톰이 문을 열자 남자들 한 무리가 뛰어 들어왔다. 그들은 한 남자를 들고 있었다. 그건 세인트 클레어 씨였다. "아, 안 돼!"라고 톰이 외쳤다. "무슨 일입니까?"

그들 중 한 사람이 대답했다. "세인트 클레어 씨가 동네 술집에 계셨는데 술 취한 두 사람이 싸우기 시작했어요. 세인트 클레어 씨는 두 사람을 밀쳐서 떼어놓으려고 했어요. 그런데 칼에 찔리고 말았어요." 잠시 후 세인트 클레어 씨는 세상을 떠났다. 그는 톰의 해방 문서를 완성하기 전에 죽고 말았다. 세인트 클레어 부인은 톰을 사이먼 레그리라는 못된 농부에게 팔았다. 레그리는 그를 더 남쪽으로 데려갈 것이다. 그는 가족을 다시는 볼 수 없을까봐 겁이 났다. 떠날 시간이 되었을 때 톰은 간신히 성경책을 숨겼다. 그는 그것이 필요할 거라고 생각했다.

[제 5 장] **머나먼 남부**

p. 64-65 레그리의 농장은 끔찍하고 더러운 곳이었다. 톰은 해가 뜨기 전에 일어나야 했다. 모든 노예들이 들판에서 목화를 따야 했다. 그들은 매일 뜨거운 태양 아래서 일했다.

때때로 밤에 톰은 다른 노예들에게 예수 얘기를 해주었다. 그러나 그들은 톰의 말을 믿지 않았다. 그들의 삶은 너무 끔찍할 뿐이었다.

어느 날 아침 톰은 한 나이든 여자가 자기 옆에서 일하고 있는 것을 알아챘다. 그녀는 아주 약해 보였다. 그녀는 목화를 제대로 딸 수가 없었다. 톰은 목화를 그녀의 바구니에 담아 주었다. 레그리의 하인들은 그녀가 목화를 충분히 따지 못하면 그녀를 때릴 것이다. "그러지 말아요."라고 그 나이든 여자는 말했다. "그런 짓을 했다고 그들이 당신을 채찍으로 때릴 거예요."

p. 67 그런데 노예들을 감독하던 남자가 그들을 보았다. 그는 삼보라는 노예였다. 삼보는 주인 레그리에게 톰이 그 늙은 여자를 도와주고 있다고 말했다. 이에 레그리는 화가 났다. 그는 말했다. "삼보, 그를 창고로 데려가서 혼내 줘라." 삼보는 톰을 창고로 데려가서 아주 심하게 매질을 했다.

그날 밤 톰은 창고에 누워 있었다. 심하게 상처를 입어서 그는 전혀 움직일 수 없었다. "제발." 그가 소리쳤다. "누가 물 좀 갖다 줘요!" 한 여인이 물을 가지고 창고로 왔다. 그녀의 이름은 캐시였고 톰에게 친절했다. 그녀는 그의 상처를 닦아 주었다.

p. 68-69 캐시는 톰에게 자신의 얘기를 했다. 오래 전 그녀의 아버지는 부자였다. 그러나 그녀의 어머니는 노예였다. 아버지가 죽자 그녀는 노예로 팔려갔다. 나중에 한 젊은 남자가 그녀를 샀다. 그들은 사랑에 빠졌다. 캐시와 그 남자는 딸을 낳았다. 그들은 아주 행복했다. 그러나 그 남자의 사촌이 그가 노예를 사랑한다는 걸 알아냈다. 그 사촌은 캐시의 딸을 그녀에게서 멀리 데려갔다.

곧 톰은 들에서 일할 수 있을 정도로 몸이 좋아지고 있었다. 그러나 그의 상처는 완전히 아물지 않았다. 매일 하는 일이 그에겐 너무 힘들었다.

p. 70-71 며칠 밤이 지난 후 캐시가 톰에게 왔다. "톰, 레그리가 자고 있어요."라고 그녀가 말했다. "도끼를 가져와 그를 죽입시다. 그러면 우린 도망칠 수 있어요!" "안 돼요."라고 톰이 말했다. "성경에 살인을 하는 것은 언제나 나쁘다고 나와 있어요. 도망가려면 당신은 다른 방법을 찾아야 해요. 당신을 위해 기도할게요." 바로 그때 캐시에게 좋은 생각이 떠올랐다. "당신 말이 맞아요. 다른 방법을 생각해 볼게요."

다음 날 캐시는 레그리에게 그의 다락방에서 유령을 보았다고 거짓말을 했다. 그는 유령을 아주 무서워했다. 그녀는 그가 이제 절대 그곳에 올라가지 않을 거라는 걸 알았다.

나중에 캐시는 음식과 옷을 챙겼다. 그녀는 그것들을 자기 가방에 넣고 달아났다. 그녀는 자신이 도망친 것을 그가 알게 할 계획이었다. 그녀는 늪으로 달아났고 그가 자신을 보았음을 확인했다.

p. 72-73 레그리는 곧바로 삼보를 불렀다. "그 미친 노예 캐시가 늪으로 달아났다. 개들을 데리고 가서 그녀를 찾아내라. 그냥 죽여 버리고 개들이 그녀의 시체를 먹게 해!"

그들은 3일 동안 늪 주변을 뒤졌다. 그러나 그들은 캐시를 찾을 수가 없었다. 그녀는 다시 집으로 와 다락방에 숨어 있었던 것이다. 레그리가 다락방에 들어가는 것을 두려워했기 때문에 그녀는 안전했다. 그녀는 그가 수색을 포기할 때까지 기다릴 작정이었다. 그때 진짜로 도망칠 것이다.

p. 74-75 레그리는 그 어느 때보다 화가 났다. 그는 톰에게 가서 소리쳤다. "캐시가 어디에 숨어 있는지 말해!" 톰은 캐시가 어디에 있는지 알고 있었다. 그러나 그는 결코 레그리에게 말을 하지 않을 것이다. "드릴 말씀이 없습니다, 주인님."이라고 톰은 말했다. 그러자 레그리는 밤새도록 톰을 때렸다.

톰이 깨어났을 때 삼보가 그의 상처를 닦아 주고 있었다. "톰, 이 예수라는 사람은 누군가?"라고 삼보가 물었다. "어떻게 그는 자네를 그토록 강하게 만들 수 있지? 레그리가 밤새 자네를 때렸지만 자네는 비명 한 번 지르지 않았어."

톰은 삼보에게 예수에 대해 얘기해 주었다. 삼보는 얘기를 듣자 울었다. "그 얘길 믿지 않을 수 없네." 삼보가 울부짖었다. 톰은 삼보를 위해 기도했다. 그러나 그의 통증은 너무 심했다.

[제 6 장] 마침내 자유를 찾다

p. 78-79 톰은 3일 동안 창고에 누워 있었다. 한 낯선 사람이 레그리의 농장을 찾아왔다. 그 낯선 사람은 젊은 백인이었다. 그는 레그리에게 물었다. "톰이라는 노예가 있나요?" 레그리는 거짓말을 했다. "아니오, 여기에 톰이라는 사람은 없소." 바로 그때 어린 노예 소년이 창고를 가리키며 "톰은 저 안에 있어요!"라고 말했다. 그 낯선 이는 창고 안으로 걸어갔다. 톰은 고개를 들어 그 낯선 사람을 보았다. 톰은 그가 젊은 조지 셸비라는 것을 알았다!

"조지 도련님." 톰이 말했다. "정말 멋진 청년으로 자라셨군요! 하나님 감사합니다. 이제 기쁘게 죽을 수 있게 되었습니다."

p. 80-81 조지는 톰이 심하게 다친 것을 보았다. "아, 톰, 지금 죽으면 안 돼요! 당신을 다시 사려고 왔어요. 제가 몇 년 전에 약속한 대로 우리는 충분한 돈을 모았어요."

"도련님, 너무 늦었어요." 톰은 힘없이 말했다. "주님이 저를 집으로 데려가실 거예요. 클로이에게 그녀를 만나지 못해서 미안하다고 전해 주세요. 그녀와 아이들에게 저를 따라 천국으로 오라고 말해주세요!" 그런 다음 톰은 세상을 떠났다.

조니는 톰을 안고 한동안 그곳에 앉아 있었다. 이 장소는 특별해 보였다. 조니는 마치 하나님이 이 방에 그와 함께 있는 것 같은 느낌이 들었다.

p. 82-83 그날 밤 캐시는 레그리의 책상에서 많은 돈을 훔쳤다. 그런 다음 그녀는 하얀 홑이불을 자기 몸에 덮어 씌웠다. 그녀는 집 밖으로 뛰어 나갔다. 레그리는 그녀를 뒤쫓아 가지 않았다. 왜냐하면 그녀를 유령이라고 생각했기 때문이었다.

캐시는 가장 가까운 마을로 갔다. 그녀는 좋은 옷과 비싼 가방을 샀다. 그런 다음 멋진 호텔로 갔다. 아무도 그녀를 도망치는 노예라고 생각하지 않았다. 캐시는 호텔 레스토랑에서 조니를 보았다. 그녀는 그가 톰의 친구라는 걸 알고 있었다.

조니는 그녀를 보았을 때 자기가 아는 누군가와 닮았다고 생각했다. 그러나 그게 누구인지는 떠오르지 않았다.

p. 84-85 캐시는 조니에게 자신의 얘기를 들려 주었다. 그녀는 자기가 도망치는 노예라는 얘기도 했다. 그는 그녀가 캐나다에서 자유에 이르도록 도와주겠다고 했다.

조니는 캐시의 이야기에 대해 생각했다. 그녀는 딸을 잃어버렸다고 말했다. 그는 그녀가 누구를 닮았는지 깨달았다. "일라이자!"라고 그는 말했다. "일라이자가 누구죠?"라고 캐시가 물었다. 조니는 일라이자가 자기 가족의 노예로 어떻게 자랐는지 설명했다. "난 캐나다로 가야 해요."라고 캐시는 말했다. "내 가족을 찾아야 해요!"

두 달 후에 캐시는 캐나다에 있었다. 퀘이커교의 지도자가 그녀를 일라이자의 집으로 데려다 주었다. 일라이자와 조지는 5년 동안 캐나다에 살고 있었다.

헨리는 이제 다 큰 소년이 되었고 그들에겐 새로 태어난 딸도 있었다. 문이 열렸다. 캐시와 일라이자는 서로를 쳐다보았다. 그들은 껴안고 울었다. 이제 그들 모두가 한자리에 모인 것이다.

p. 86-87 조니는 다시 집으로 돌아갔다. 몇 년 전에 셸비 씨는 병이 들어 세상을 떠났다. 그래서 셸비 부인과 클로이 아줌마만이 그들을 기다리고 있었다. 그들은 톰 아저씨를 찾아 여기저기 보았다. "정말 죄송해요."라고 조니가 말했다. "톰 아저씨를 데려오고 싶었지만 이제 그분은 하나님과 함께 살기 위해 가셨어요."

셸비 부인은 울기 시작했고 클로이 아줌마는 아무 말도 하지 않았다. 그는 톰이 마지막으로 남긴 사랑의 메시지를 클로이 아줌마에게 전했다.

한 달 후 조니는 농장의 모든 노예들을 풀어 주었다 "여러분들이 자유로워진 것에 대해 내게 감사하지 말아요."라고 그는 말했다. "톰 아저씨께 감사하세요."

〈행복한 명작 읽기〉 집필진

Scott Fisher
Seoul National University (M.A. - Korean Studies)
Michigan State University (Asian Studies)
Ewha Womans University, Graduate School of Translation and Interpretation, English Professor

David Hwang
Michigan State University (MA - TESOL)
Ewha Womans University, English Chief Instructor, CEO at EDITUS

Louise Benette
Macquarie University (MA - TESOL)
Sookmyung Women's University, English Instructor

Brian J. Stuart
University of Utah (Mass Communication / Journalism)
Sookmyung Women's University, English Instructor

David Desmond O'Flaherty
University of Carleton (Honors English Literature and Language)
Kwah-Chun Foreign Language High School, English Conversation Teacher

Michael Souza
University of California, Davis (B.A. Anthropology)
California State University, Dominguez Hills (M.A. Humanities)
Elementary school teacher, Sacramento, California Freelance Writer

Silayan Casino
University of Hawaii (International Studies: Western Europe; German Language & Literature, M.A.)
Woosong University, English Instructor

Steve Homer
Northwestern University, B.S. in Journalism (Honors graduate, class of 1988)
YBM Inc. Editorial Department, Senior Writer and Editor Freelance Writer and Editor

---

행복한 명작 읽기 10 Grade 1

톰 아저씨의 오두막
Uncle Tom's Cabin

원작 Harriet Eizabeth Beecher Stowe　**각색** Michael Robert Bradie
펴낸이 정규도　**펴낸곳** (주)다락원

초판 1쇄 발행 2006년 4월 10일　**초판 11쇄 발행** 2023년 7월 25일

책임편집 김지영, 김유경　**디자인** 손혜정, 박은진
일러스트 Christian Bernardini　**녹음** Brenda St. Louis, Christopher Hughes　**번역** 한은숙

다락원 경기도 파주시 문발로 211
Tel (02)736-2031 (출판부: 내선 523 영업부: 내선 250~252) Fax (02)732-2037
출판등록 1977년 9월 16일 제406-2008-000007호
Copyright © 2006, 다락원

저자 및 출판사의 허락 없이 이 책의 일부 또는 전부를 무단 복제·전재·발췌할 수 없습니다.
잘못된 책은 바꿔 드립니다.

ISBN 978-89-5995-029-4 48740

http://www.darakwon.co.kr
- 다락원 홈페이지를 방문하시면 상세한 출판 정보와 함께 동영상 강좌, MP3 자료 등 다양한 도서의 어학 정보를 얻으실 수 있습니다.